国家自然科学基金面上项目"农户参与农田灌溉系统管护研究：
资源禀赋、组织支持与治理绩效"（批准号：71773092）

国家自然科学基金面上项目"基于农户收入差异视角的农田水利设施供给效果及改进路径研究
———以黄河灌区为例"（批准号：71273210）

中国「三农」问题前沿丛书

社会信任、组织支持与农户治理绩效

以农田灌溉系统为例

杨 柳 朱玉春 著

Social Trust, Organizational Support and Households' Governance Performance:

A Case Study of Irrigation Systems

社会科学文献出版社
SOCIAL SCIENCES ACADEMIC PRESS (CHINA)

目 录

CONTENTS

第一章

导论

一 研究背景

农田灌溉系统的有效治理既是提升农业物质装备水平和农业可持续发展能力的关键途径，亦是保障国家粮食安全的重要支撑（Sinyolo et al.，2014；刘辉，2014；陈雷，2015）。"十二五"以来，国家加大了农村基础设施的建设力度，农田灌溉系统的供给水平得到了有效提升。但由于"重建轻管"或"只建不管"等现象的存在，很多农田灌溉系统并没有充分发挥作用，有些甚至在建成之后很快"瘫痪"，究其原因，主要是未有效解决农田灌溉系统的管护治理问题。而解决这一问题的关键在于用水者的参与，即农户参与农田灌溉系统的管护治理。由于政府自上而下的治理机制难以有效对接农户的实际需求，单靠增加政府投资不足以有效提升农田灌溉系统的治理绩效，农户的积极参与是农田灌溉系统有效治理过程中必不可少的环节（Ostrom，1990；Lam and Ostrom，2010）。但是，由于农田灌溉系统的公共产品属性和农户家庭生产经营的私人产品属性的冲突，同时存在管理机制不健全、维护责任不明晰等问题，这大大削弱了农户参与管护的积极性（蔡荣、蔡书凯，2013；刘敏，2015）。另外，在农田灌溉系统治理过程中，忽视不同社会信任水平农户在参与农田灌溉系统管护治理方面的异质性，以及不同组织支持在农户参与管护治理方面作用的差异，致使农户参与农田灌溉系统管护治理的路径发生偏差，进而降低了农户的心理预期和个人贡献（Ostrom et al.，1993；蔡荣，2015；杨柳等，2018a），其治理绩效亟待提升。

理论上，农户参与农田灌溉系统治理是以地域为基础的众多农户个体自主选择参与从而实现农田灌溉系统自主治理的过程。由于存在农田灌溉系统自主治理困境——农户个体的理性会诱发村庄集体的非理性，这会导致农户参与农田灌溉系统治理绩效难以达到最优的水平，并且其可提升的空间受到较大限制，而社会信任与组织支持为提升管护治理绩效提供了新的路径（Ostrom，2010）。社会信任包括人际信任和制度信任两个重要维度，人际信任作用于农户参与农田灌溉系统管护治理的个人动机及集体贡献，制度信任可通过契约、法规、规则等制度对农户的管护行为进行约束，最终可减少农户参与农田灌溉系统治理的"搭便车"行为（Ostrom，1995；McCarthy and Kilic，2015；郭珍，2015；何可等，2015）。组织支持包括情感支持和工具支持两个重要维度，情感支持作用于农户参与农田灌溉系统治理中社会信任、关系网络及互惠心理的形成，工具支持影响着农户参与农田灌溉系统治理过程中灌溉技术的可获性及劳动力分配情况（Tang，1991；Ostrom，1998；Cai et al.，2016）。从社会信任和组织支持视角研究农户参与农田灌溉系统治理绩效，将能为提升农田灌溉系统治理绩效提供新的思路。

综上所述，社会信任决定着农户参与农田灌溉系统治理的初始选择与集体贡献，影响着农户参与农田灌溉系统治理策略选择机制的建立（Doss and Meinzen-Dick，2015）；组织支持则限制着农户参与农田灌溉系统治理的依赖性与持久性，制约着农户参与农田灌溉系统治理互惠心理契约的达成及有效合作行为的形成

（杨阳等，2015）。因此，把社会信任和组织支持引入农户参与农田灌溉系统治理的研究中，有重要的理论和实践意义。那么，社会信任与组织支持能否真正激励农户参与农田灌溉系统治理，其对农户参与农田灌溉系统治理的影响程度及方向如何？在多大程度上能够提升农户参与农田灌溉系统治理绩效？这些都是提升农户参与农田灌溉系统治理绩效必须面对的现实问题。然而，现阶段有关社会信任和组织支持对农户参与农田灌溉系统治理绩效的影响缺乏全面的理论分析及实证研究。

二 研究目的及意义

（一）研究目的

本书从社会信任和组织支持视角出发，研究农户参与农田灌溉系统治理问题，分析农田灌溉系统的治理绩效，考察不同社会信任、组织支持水平下农户参与农田灌溉系统治理的设施维护程度、灌溉供水状况与农业产出水平，分析社会信任、组织支持对农户参与农田灌溉系统治理绩效的影响，寻找农户参与农田灌溉系统治理绩效低下的症结，探索改进农田灌溉系统治理的合理路径和政策途径。具体研究目的如下。

（1）阐释社会信任和组织支持与农户参与农田灌溉系统治理绩效的关系，构建社会信任、组织支持与农户参与农田灌溉系统治理绩效的指标体系，分析农户参与农田灌溉系统治理绩效的水平。

（2）研究社会信任和组织支持对农户参与农田灌溉系统治理绩效的影响，揭示社会信任和组织支持对农户参与农田灌溉系统治理的设施维护程度、灌溉供水状况和农业产出水平的影响。

（3）结合实证分析和实地调研情况，从社会信任与组织支持视角，提出提升农户参与农田灌溉系统治理绩效的政策建议。

（二）研究意义

本书从社会信任、组织支持视角，对农户参与农田灌溉系统治理绩效进行深入探究，以期为破解农田灌溉系统治理困境提供新的思路，为基于社会信任与组织支持视角的农户参与农田灌溉系统治理绩效的提升提供理论和现实依据。

本书的研究意义在于以下方面。

（1）基于社会信任和组织支持视角，识别影响农户参与农田灌溉系统治理的设施维护程度、灌溉供水状况与农业产出水平的因素，揭示社会信任与组织支持对农户参与农田灌溉系统治理绩效的影响，为建立农田灌溉系统治理的长效机制提供理论支撑。

（2）探究社会信任、组织支持与农户参与农田灌溉系统治理绩效之间的关系，构建相对系统的农户参与农田灌溉系统治理的理论分析框架与实证分析体系，以丰富农田灌溉系统治理绩效研究的理论与方法。

（3）运用微观农户调查数据，阐释社会信任、组织支持对农户参与农田灌溉系统治理绩效的影响，为政府相关部门建立农户参与农田灌溉系统治理的有效激励机制提供决策参考。

三　国内外研究现状与述评

农田灌溉系统的良好运行对农业可持续发展以及农民增收具有重要影响，而有效的治理是农田灌溉系统充分发挥其功能的关键。国内外学者对农田灌溉系统治理的研究主要集中于农户参与治理的现状和影响因素方面，而较少关注社会信任和组织支持对农户参与治理的影响。本书在综述农户参与农田灌溉系统治理现状及影响因素的基础上，重点阐述社会信任与组织支持双重视角下，农户参与农田灌溉系统治理的绩效。

（一）国内外研究现状

1. 农户参与农田灌溉系统治理的现状

农田灌溉系统是通过人工灌排的方式为农田补充所缺水分或为农田排除多余水分的各种水利基础设施的组合，包括农田灌排设施与拦截取水设施，譬如小水源工程、渠道及与渠道相应配套的建筑、小型泵站、直接用于农田灌溉和排水的小河道等（刘俊浩，2005）。典型的农田灌溉系统包括灌溉渠道系统和排水渠道系统，它们相互补充、协同运作，形成一个完整的农田灌溉系统（胡雯，2008）。农田灌溉系统结合农业技术措施，共同为农作物生长创造适宜的环境条件，如水、土壤、肥料、气体和热量等，以促进农作物的生长，提高农作物抵御恶劣自然条件的能力，提升农业的综合生产能力，促进和保证农业生产的可持续和高效发展。

农田灌溉系统是农业可持续发展的重要保障，其运行要依次经过投资建设、管理维护和灌溉使用三个环节，投资建设是农田灌溉系统有效供给的前提和基础，灌溉使用是最终目的，管理维护则是连接投资建设与灌溉使用的中介环节（杜威漩，2015），是农田灌溉系统有效利用的关键。在农田灌溉系统的供给中，政府先后采取"民办公助"和"一事一议"等激励政策，弥补了自上而下供给模式的不足（王蕾、朱玉春，2013；Cai et al.，2016），有效缓解了农田灌溉系统的供需矛盾（杨阳等，2015）。然而，农田灌溉系统建成后的治理没有实现良好衔接，"重建轻管"和"只建不管"等现象加快了设施的损耗速度（柴盈、曾云敏，2012），最终导致农田灌溉系统年久失修、损坏严重及运行效率低下，严重制约了农田灌溉系统功能的发挥，难以满足农户农业生产的真实需求（Tang，1992；Rosegrant and Ringler，2000；Meinzen-Dick et al.，2002；徐双敏，2006），而采用合理的治理方式是解决这些问题的关键。

现有的农田灌溉系统治理模式主要包括私人治理模式、农户参与治理模式以及集权治理模式。政府将包揽的部分或全部治理职责转移给农民的自治模式是最有效的治理方式（Ostrom, 1990; Huang et al., 2009; Muhammad et al., 2014）。作为直接用水者，农户直接关系到灌溉系统的质量维护与灌溉管理的成本收益，因此，政府应给予农户相应的权利，并给予一定的激励，鼓励农户积极参与农田灌溉系统治理。农户参与农田灌溉系统治理解决了管护主体缺位的问题，有利于实现农田灌溉系统有人用、有人管的良性运行（方慧欣，2014）。这将有利于改善渠道质量，提升灌溉水利用率，并满足农户实际的灌溉需求（Johnson and Joop, 2008; Wang et al., 2010; 赵连阁、王学渊，2010）。

20世纪60年代，农田灌溉管理权开始从政府转向农户。20世纪80年代初，农田灌溉管理进入了授权参与阶段（Vermillion, 1997）。自20世纪90年代中期以来，充分结合大中型灌区更新改造与续建配套等工作，基于世界银行等国际组织的支持，中国对用水户参与灌溉管理进行了试点改革。作为灌溉系统的提供者，政府提供资金和设计，使农田灌溉设施的供给达到一定水平后，授权当地的农民对灌溉系统进行管护治理。长期存续的自主组织和自主治理是有效解决水利设施治理的途径（Ostrom, 1990），只有建立合理的农户参与农田灌溉系统治理机制，提高参与者的积极性，才是最有效的自治模式。但现实中，由于农户自主治理意识薄弱和治理资金缺乏等现象的存在，农户参与农田灌溉系统治理仍然存在搭便车和参与程度低等问题（吴清华等，2015），而社会信任和组织支持为解决这些问题提供了新的视角。从社会信任和组织支持视角对农户参与农田灌溉系统治理进行研究，有助于完善农田灌溉系统自主治理模式，可以更大程度地发挥农田灌溉系统的功能（Huang et al., 2010; 王昕、陆迁，2015; Ricks, 2016）。

2. 农户参与农田灌溉系统治理的绩效

有效的管护治理是影响农田灌溉系统功能发挥的关键，是指对农田灌溉系统进行必要的建设、维护、更新和改造，有利于保障农田灌溉系统持续有效的正常运行，实现农田灌溉系统的有效供给和高效利用，促进灌溉事业的蓬勃有序发展，进而提供更为有效的产出与服务（周晓平，2007；徐洁，2008）。农田灌溉系统作为与国民经济和人民生活紧密相关的基础水利工程，对其治理应当进行全面的绩效评估。绩效强调行为应达到的有效结果与实现的最终目标，是组织为实现目标而展现在不同层面上的有效输出（陈一恒，2012；Gomo et al.，2014）。对于农田灌溉系统而言，治理绩效由治理结果来体现，表现为农田灌溉系统治理所取得的成果或实现的目标（郑华伟，2012）。农户参与农田灌溉系统的治理绩效体现在农户参与治理状况、设施维护状况、灌溉供水状况和农业产量变化等方面（Lam，1994；楚永生，2008），它不仅包括直接与有形的投入和产出，还包括间接与无形的投入和产出（施昭、陈炜，2008；Ghumman et al.，2014）。农田灌溉系统治理绩效可着眼于以下几个维度：农田灌溉系统设施是否维护良好，灌溉用水的供应是否充足，以及农业产出水平的变化（Lam，1996；刘辉，2014）。因此，用设施维护程度、灌溉供水状况以及农业产出水平来衡量农户参与农田灌溉系统的治理绩效。其中，设施维护程度是农户参与治理的直接体现，灌溉供水状况是农户参与治理的间接体现，而农户参与治理最终将作用于农业产出水平的变化，因此可以据此将农户参与农田灌溉系统的治理绩效划分为直接绩效、间接绩效和最终绩效。

设施维护程度是农户参与农田灌溉系统治理的直接体现，可以表征农户参与农田灌溉系统治理的直接绩效。农田灌溉系统充分发挥作用的基础是良好的设施维护，农户参与管护治理有利于农田灌溉系统设施维护程度的提高，可减少因设施失修出现的运行障碍或损耗（徐洁，2008）。农户积极参与农田灌溉系统治理，可以促进农田灌溉系统设施维护程度的提高，有利于农田灌溉系统功能的有效发挥。

灌溉供水状况的改善是农户参与农田灌溉系统治理的间接体现，可以表征农户参与农田灌溉系统治理的间接绩效。灌溉供水状况可以通过灌溉用水的供给充足程度和可靠程度、灌溉用水的分配公平程度进行衡量。灌溉用水在传递过程中损耗越少越有利于保障灌溉用水的充足供给，供给越及时越有利于提升灌溉用水供给的可靠性，个人越遵从规则越有利于灌溉用水的公平分配，也越能满足农户的灌溉需求（Lam，1994），从而有利于农田灌溉系统治理绩效的有效提升。灌溉供水状况的结果客观存在，而对结果的判断却是农户从自身利益出发做出的主观评价（曾国安、洪丽，2010）。农户的行为遵循对等原则（Fehr and Schmidt，1999；董志勇，2006），如果农户认为其在灌溉中得到的结果符合投入的成本且供水结果能满足农业生产的基本需求，则农户倾向于认为灌溉供水状况是良好的（Seiders and Berry，1998；武志伟、陈莹，2010；Holmes，2015）。

农户参与农田灌溉系统治理最终体现于农业产出水平的变化，而粮食作物单位面积产量和经济作物单位面积产量是农业产出水平的重要表征，因此粮食作物单产和经济作物单产可以体现农户参与农田灌溉系统治理的最终绩效。有效的农田灌溉系统治理可以保障农业生产所需的灌溉用水，增强农业生产抵御恶劣自然环境的能力，能促进农业产出水平的提高（邱士利，2013；Yang et al.，2015），有利于农户参与农田灌溉系统治理绩效的提升。

3. 农户参与农田灌溉系统治理的影响因素

农户参与农田灌溉系统治理是一种相互的协作行为（韩洪云、赵连阁，2002），是具有共同利益的农户为实现农田灌溉系统的良好运行而自主选择参与的集体行动（郭珍，2015）。作为个体的理性选择，农户参与农田灌溉系统治理受到诸多因素的影响。现有的研究多集中于分析社会资本对农户参与农田灌溉系统治理的影响，认为社会信任和关系网络实现了微观农户个体和宏观集体行动的联合，因而有利于集体行动的成功。其中，普遍信任和一般网络对促进农户参与农田灌溉系统治理意愿具有重要作用，这将使农户倾向于选择通过提供劳动的方式参与供给（蔡起华、朱玉春，2015a）。同时，政府在农户参与农田灌溉系统治理中的作用也有涉及，政府的指导及支持减少了农户参与农田灌溉系统治理投入成本的压力，这在一定程度上可以鼓励农户参与农田灌溉系统的管护治理（Kumar and Singh，2001；张兵、王翌秋，2004）。

实证研究表明，受教育程度、农业收入水平、社会资本、非农业劳动力比例、对参与式灌溉治理的认知、可灌溉面积率、灌溉系统配套完好率、普遍信任、特殊信任、制度规则、情感支持、工具支持、政府支持力度等因素影响农户参与农田灌溉系统治理的集体行动（Sarker and Itoh，2001；张兵等，2009；朱玉春、王蕾，2014；杨阳等，2015；蔡起华、朱玉春，2015a；何凌霄等，2017；杨柳等，2018a）。其中，受教育程度影响农户理解和认知参与式灌溉治理的程度，从而影响农户参与农田灌溉系统治理的选择。农户受教育程度越高，他们就越愿意通过投资来参与农田灌溉系统治理（刘辉、陈思羽，2012）。农业收入水平越高，农户对农田灌溉系统的依赖程度越高，往往积极参与农田灌溉系统治理（张兵等，2009）。社会资本会影响农户参与农田灌溉系统治理的程度（杨柳等，2018b），其中，关系网络和社会信任对农户参与农田灌溉系统治理的影响存在差异（刘庆、朱玉春，2015）。普遍信任能积极促进农户参与农田灌溉系统治理，而特殊信任的影响作用则不同（蔡起华、朱玉春，2015a）。制度规则能够对行动情境进行塑造，并进一步影响农户在集体行动中的激励结构和选择逻辑（何凌霄等，2017），建立在非人际关系基础上的制度信任也因此成为农户集体行动中的重要机制（何可等，2015）。其中，普遍信任、特殊信任与制度信任分别属于社会信任中的人际信任与制度信任，研究社会信任对农户参与农田灌溉系统治理的影响可以综合这些因素，因此社会信任在农户参与农田灌溉系统治理中的作用不容忽视。

同时，农田灌溉系统设施的好坏会影响农户参与治理的成本投入，从而影响农户参与治理的选择。农户从村组织获得的情感支持取决于组织对农户的承诺、农户的义务和履行承诺的程度（Eisenberger et al.，1990），当农户感知到自己在组织中获得较高的情感支持时，其会通过积极参与治理的方式来回报组织给予的情感支持（杨柳等，2018a）。在工具支持方面，当农户从组织获得较多的物质、咨询和人员等工具支持时（凌文辁等，2006），其会做出互惠行为，将通过积极参与农田灌溉系统治理的方式作为对组织提供工具支持的回报（杨阳等，2015）。政府的支持降低了农户参与治理的成本，这会影响农户参与治理的选择（张兵等，2009）。其中，情感支持和工具支持是组织支持的主要构成部分，研究组织支持对农户参与农田灌溉系统治理的影响可以对以上因素进行综合，因此，组织支持在农户参与农田灌溉系统治理中发挥的作用不容忽视。

4. 社会信任对农户参与农田灌溉系统治理绩效的影响

农户的社会信任决定了他们在多大程度上愿意处于被动地位且承担相应风险，或者依赖他人的建议而采取行动（蔡起华、朱玉春，2015a），信任是合作的基础，可以限制农户的搭便车行为（Levi，1988；何可等，2015）。社会信任支持了农户参与农田灌溉系统治理的集体行动，并将对最终的治理绩效产生影响（杨宇谦等，2012；蔡起华、朱玉春，2015a）。社会信任可以分为两个维度：人际信任和制度信任。以人际关系为基础建立的信任为人际信任，而建立在政府政策以及政策执行人基础上的信任为制度信任（韩雅清等，2017）。在人际信任中，亦可根据信任对象的亲近程度将它划分为普遍信任和特殊信任，其中普遍信任存在于邻里之间，而特殊信任通常存在于亲友之间（王思琦，2013）。社会信任有利于增加农户与资源和其他行为者的接触（Bebbington，1999），以及降低农户在农业生产经营过程中面临的风险成本，从而有助于公共产品的供给（曾福生、戴鹏，2012；Bohr，2014）。通常认为，社会信任能够使分散的农户进行聚合，增强农户的集体行动意识（Putnam et al.，1993；Miao et al.，2015；Yu et al.，2016），从而对农户参与农田灌溉系统治理绩效产生积极效应。这是因为信任有助于构建信息共享机制，降低农户之间信息的不确定性，一方面可以提高农户对他人行为的监督效能，另一方面完善的信息可以降低农户的风险，可以促进农户采取合作行为（陈叶烽等，2010）。合作带来各方资源的重新整合，将整合后的资源进行有效配置和集中使用（Bae，2009；O'Flynn，2009；Daley，2009；何安华等，2012），从而克服单个农户参与农田灌溉系统治理能力的局限，可能对提高农田灌溉系统的治理绩效是有益的。

（1）人际信任对农户参与农田灌溉系统治理绩效的影响。

农村地区熟人社会的特点突出，人际信任已成为农户社会信任的关键维度。作为农户人际信任的主要组成部分，特殊信任存在于联系较为密切的同质群体之中，属于较强的信任；而普遍信任通常存在于联系较少的异质性群体之间。相比特殊信任，普遍信任群体之间的信任较弱（Putnam，2000）。一些研究表明，不同类型的人际信任对农户参与集体行动存在差异性的影响。虽然农户的特殊信任水平较高，但其内向性会加剧不同群体之间的差异，促使农户更倾向于选择信任程度较高的亲友和熟人进行合作（高虹、陆铭，2010；陈捷、卢春龙，2009），而这有可能增加农户搭便车的行为，会在一定程度上降低农户参与农田灌溉系统的治理绩效。而普遍信任则不同，其主要存在于不同群体之间，对同一村域内的农户起到了团结与整合的作用（Portes and Landolt，

2000），会降低农户选取搭便车等机会主义行为的概率，有利于缓解各利益主体之间的冲突，调动农户参与农田灌溉系统治理的积极性，促进集体行动的成功（Noorka，2011；杨柳等，2018a），对农户参与农田灌溉系统治理绩效的提高是有利的。当前中国的农村社区熟人社会的治理逻辑仍然存在（张翠娥等，2016），特殊信任和普遍信任均有可能对农户参与农田灌溉系统治理绩效产生积极影响。

（2）制度信任对农户参与农田灌溉系统治理绩效的影响。

制度信任的建立基于正式合法的社会规则和法规，它是依赖于法律和政治等制度环境而形成的一种社会信任关系（李岚，2011）。随着社会的发展和各项制度的完善，它将成为人们之间信任的重要机制（张芷芸、谭康荣，2005）。由于人际信任只存在于人与人之间，这也就注定了其狭隘性和封闭性（雷丁，2009）。在农户参与农田灌溉系统治理过程中，农户与农户之间的人际信任必然要求一个完善的制度信任作为保障，通过制度对农户行为进行必要的约束，以减少农户在集体行动过程中的搭便车行为。从本质上讲，制度信任具有强制性，它主要通过规则来维持农户之间的信任关系（陶芝兰、王欢，2006）。当农户无法通过过去交往的经验与大家的评价来对合作对象进行判断时，制度信任则能够将农户的行为规范化，降低农户合作过程中的信任风险（Smith，2008），使农户的行为具有较强的预测性，促进合作更有效地达成，从而提高农户参与农田灌溉系统治理的集体行动水平和治理绩效。

5. 组织支持对农户参与农田灌溉系统治理绩效的影响

组织对农户的支持是农户愿意在农田灌溉系统治理过程中做出贡献的关键因素。感受到组织支持的农户认为他们应该承担更多责任，他们会以积极的治理行为来回报组织（Farh and Liang，2007；黄俊等，2012）。高水平的组织支持会使农户愿意表现出更积极和更多的有利于组织的态度和行为，从而提升整体绩效（Chong et al.，2001；侯莉颖、陈彪云，2011；李忠民、徐捷，2013）。对组织支持的研究发现，组织支持包括情感支持以及工具支持（凌文辁等，2006；Muse and Stamper，2007）。当一个组织愿意积极地满足农户的社会与情感需求，或提供工具支持来帮助农户实现某个目标时，农户的组织支持感将提升（Eisenberger et al.，1990；杨辉、梁云芳，2006），农户会更加努力去实现组织目标，以此来回报组织给予的支持（许百华、张兴国，2005；宗文等，2010），这有可能会激发农户参与农田灌溉系统治理的积极性。另外，由于农田灌溉系统具有公共产品的属性，农户完全承担治理成本会制约其参与治理的积极性，而适当的政府支持可以减小农户自有资金的投入压力（刘红梅等，2008；朱玉春等，2011；杨阳等，2015），可能会使农户更积极地参与农田灌溉系统治理。同时，在政府有限参与的基础上，鼓励农户在农田灌溉系统治理中的组织化，以各种合作组织搭建农户参与治理的平台（毛寿龙、杨志云，2010），有助于扩大农户的集体行动空间，增加农户共同完成农田灌溉系统治理工作的可能性（Meinzen-Dick，1997；Meinzen-Dick et al.，2002；Hamidov et al.，2015），这可能对提高农田灌溉系统治理绩效是有益的。

（1）情感支持对农户参与农田灌溉系统治理绩效的影响。

村组织对农户的情感支持包括亲密支持、尊重支持与网络整合，这有益于满足农户的社会与心理需求（凌文辁等，2006；Newman et al.，2012）。从农村社区的角度来看，当感受到强烈的情感支持时，农户就会感受到被赞扬与被尊重，农户与组织之间将存在积极的情感纽带，即更高的情感承诺（Armeli et al.，1998；许百华、张兴国，2005）。情感承诺是重要的组织奉献和忠诚的决定因素，具有较高情感承诺的农户对组织具有较强的归属感和组织认同感，基于互惠原则，农户将有责任关心组织的利益（Shore and

Wayne，1993）。这将促使农户产生较为积极的态度以及行为，其将通过更加努力的服务来回报组织的情感支持（杨海军，2003；姜薇薇，2014），可能有利于提高农户参与农田灌溉系统治理的积极性，从而提高其参与农田灌溉系统的治理绩效。

（2）工具支持对农户参与农田灌溉系统治理绩效的影响。

工具支持是指组织在农户参与农田灌溉系统治理过程中提供所需的资讯、培训、工具和设备等功能性支持（McMillan，1997），它涵盖物质支持、人员支持以及咨询支持，可以帮助农户成功地开展治理工作（Aryee and Chay，2001；杨阳等，2015）。工具支持是组织认可农户并愿意为其投资的积极对待，当组织提供物质或技术支持农户达成某个目标时，农户将意识到村组织重视农田灌溉系统的治理工作，并因此增强农户对组织的认可以及组织支持感（Wayne and Liden，1997；Stamper and Dyne，2001）。若农户感受到的组织支持感较强，则其可能与组织产生比较强的交换意愿，在农田灌溉系统治理中愿意投入必要的人力和物力，或主动提供支持帮助，与其他农户一起管理和维护农田灌溉系统（杨阳等，2015），这可能有利于提高农户参与农田灌溉系统的治理绩效。

（二）国内外研究述评

综上所述，国内外研究对农田灌溉系统治理中的农户参与关注较多，并在理论与实践方面具有很丰富的研究成果，但在以下几方面仍然有待进一步深化。

（1）对农户参与农田灌溉系统治理的研究主要集中在农户参与治理的意愿、满意度和影响因素方面，而对农户参与农田灌溉系统治理绩效的实证研究则很少。

（2）虽然社会信任对农户参与农田灌溉系统治理的偏好和意愿有影响，但现有研究较少关注社会信任对农户参与农田灌溉系统治理绩效的影响，从人际信任与制度信任方面来探讨这种影响的研究更为稀缺。

（3）组织支持会影响农户参与农田灌溉系统治理的意愿和程度，并最终作用于农户参与治理的绩效，然而，现有研究较少关注组织支持对农户参与农田灌溉系统治理绩效的影响，从情感支持和工具支持方面来探讨这种影响的研究更加缺乏。

本书在已有研究的基础上，针对农户参与农田灌溉系统治理绩效问题，运用 Binary Logit 回归、Ordered Probit 回归、结构方程模型、分位数回归、层级回归等数理方法，探究社会信任与组织支持双重视角下，农户参与农田灌溉系统治理的行为和绩效，其结果有助于揭示农田灌溉系统治理绩效偏低的症结所在。依据实地调研资料和实证结果，提出改进现有治理绩效的政策建议，为探索农户参与农田灌溉系统治理机制、制定合理的农户参与治理方案提供事实依据，为政府部门制定基于社会信任和组织支持差异下的农户参与农田灌溉系统治理政策，以及改善农田灌溉系统治理绩效提供理论与实证支撑。

四　研究思路、研究方法和技术路线

（一）研究思路

本书主轴沿着社会信任、组织支持与农户参与农田灌溉系统治理绩效指标构建—社会信任、组织支持对农户参与农田灌溉系统治理的直接绩效、间接绩效、最终绩效的影响—农户参与农田灌溉系统治理绩效改善的政策建议这条逻辑线路展开。

第一，构建社会信任、组织支持与农户参与农田灌溉系统治理绩效的理论分析框架。首先，本书对农田灌溉系统治理中的社会信任、组织支持以及农户参与农田灌溉系统治理绩效等概念进行了梳理和解释；其次，依据公共池塘资源理论、集体行动理论、社会资本理论和社会交换理论等探讨社会信任、组织支持与农户参与农田灌溉系统治理绩效之间的关联；再次，以前述分析为基础，构建社会信任、组织支持对农户参与农田灌溉系统治理绩效影响的理论分析框架；最后，依据实地调研资料，剖析农户参与农田灌溉系统治理的现实问题及困境，以修正前述理论分析的偏差，为探析社会信任、组织支持对农户参与农田灌溉系统治理绩效的影响奠定理论基础。

第二，构建社会信任、组织支持与农户参与农田灌溉系统治理绩效的指标。以理论分析框架为基础，首先，构建表征社会信任、组织支持的指标，进而利用因子分析等数理方法构建合理的表征变量，以得到适合本书实证分析的变量；其次，由于农户参与农田灌溉系统治理绩效具有多维属性，本书以设施维护程度、灌溉供水状况及农业产出水平作为治理绩效的表征变量。

第三，利用 Binary Logit 回归、Ordered Probit 回归和层级回归，分析了社会信任和组织支持对农户参与农田灌溉系统治理行为和直接绩效的影响。本书以农户参与投资、参与监督、参与管理和参与维护来表征其参与农田灌溉系统治理行为，利用 Binary Logit 回归分析了社会信任和组织支持对农户参与农田灌溉系统治理行为的影响。同时，用设施维护程度来表征农户参与农田灌溉系统的直接绩效，利用 Ordered Probit 回归分析了社会信任与组织支持对设施维护程度的影响，利用层级回归分析了组织支持影响农户参与农田灌溉系统治理行为和直接绩效的过程中社会信任的中介效应，以解释社会信任和组织支持对农户参与农田灌溉系统治理行为和直接绩效的影响。

第四，构建结构方程模型，分析社会信任和组织支持对农户参与农田灌溉系统治理中灌溉供水状况的影响。本书以灌溉用水的供给充足程度、可靠程度以及灌溉用水的分配公平程度表征灌溉供水状况。首先，进行违犯估计和正态性检验，以此检验估计系数是否超出可接受范围，观测变量是否呈正态分布；其次，检验模型的适配度，并检验每个指标是否达到理想水平；最后，分析得到结构方程模型各变量之间的路径系数，阐释社会信任、组织支持对农户参与农田灌溉系统治理间接绩效的影响。同时，考虑农户农业收入水平的差异，选择农户农业收入水平作为多群组分析调节变量，探究了不同农户农业收入水平的社会信任、组织支持对农户参与农田灌溉系统治理行为和间接绩效的影响差异。

第五，构建分位数回归模型和层级回归，分析社会信任和组织支持对农户参与农田灌溉系统治理中农业产出水平的影响。农户参与农田灌溉系统治理最终体现于农业产出水平的变化，而粮食作物和经济作物单位面积产量是农业产出水平的重要表征。因此，构建分位数回归模型，探析农户社会信任与组织支持对粮食作物和经济作物单产的影响方向及大小，并运用层级回归分析社会信任在组织支持影响最终绩效过程中的中介效应，以此来阐释社会信任与组织支持对农户参与农田灌溉系统治理最终绩效的影响。

第六，根据前述实证结果，结合实地调研资料，基于社会信任和组织支持视角，提出提升农户参与农田灌溉系统治理绩效的政策建议。基于社会信任视角，提出农户参与农田灌溉系统治理的政策激励建议，包括完善需求表达机制、构建社会信任机制等方面；而基于组织支持视角，提出农户参与农田灌溉系统治理的政策支持建议，包括基层水利组织发展、提供有针对性的组织支持等方面。这为农田灌溉系统治理制度创新提供了理论依据和政策支持。

（二）研究方法

本书采用理论与实证相结合的研究方法，不仅有社会信任和组织支持视角下农户参与农田灌溉系统治理绩效的理论分析，还涵盖农户参与农田灌溉系统治理绩效的实证分析，并侧重于实证研究。

（1）文献分析法。文献分析法强调对以往的研究资料与文献进行梳理，为本书提供坚实的理论依据与实证支撑。首先，在明确研究主题后，对农田灌溉系统治理文献进行了广泛搜集，并整理了与社会信任和组织支持有关的文献，为构建本书的理论框架提供了理论支撑；其次，对现有文献中的实证分析以及统计分析方法进行了梳理，为本书的实证分析提供借鉴和参考。

（2）问卷调查法。本书在黄河流域中上游的内蒙古和宁夏两个自治区，从行政村和农户两个角度设计了调研方案，采用问卷调查与典型访谈相结合的方式获取数据。立足农田灌溉系统的供给状况、治理状况以及农业生产等角度，从内蒙古选择五原县和乌拉特前旗，宁夏选择平罗和贺兰共 4 个典型县，各县抽选 10 个典型行政村，采用农户分层随机抽样调查方法抽取 800 户（每个行政村随机抽取 20 户农户）进行调查。调查内容主要包括：一是调查 4 个县政府对农田灌溉系统的投入状况、管理的组织形式、激励措施等；二是所调查县的农田灌溉系统治理过程中村委会的投入情况、组织情况、激励措施，各行政村设施维护程度、灌溉供水状况和农业产出水平，总结其治理特征；三是所调查行政村的农户参与农田灌溉系统治理的意愿、程度，农田灌溉系统治理投入状况、设施维护程度、农户粮食作物与经济作物的生产情况等；四是调查农户的社会信任状况与组织支持情况，包括农户的人际信任、制度信任、组织类型、特征、情感支持和工具支持等。调查人员对样本农户一对一进行调查，以此来收集第一手数据以及案例资料。

（3）因子分析法。社会信任和组织支持的指标较多，需要构建科学和系统的指标体系，并在此基础上对其指标体系进行简化，因此，选取因子分析法，对社会信任和组织支持的指标体系进行测度和解析，并选取公因子来对社会信任和组织支持的多维指标进行信息综合。

（4）Binary Logit 回归。农户参与农田灌溉系统治理行为是 0-1 变量，农户家中有人参与时赋值为 1，否则赋值为 0，因此选取 Binary Logit 回归来分析社会信任、组织支持对农户参与农田灌溉系统治理行为的影响。

（5）Ordered Probit 回归。农户参与农田灌溉系统治理的直接绩效由设施维护程度来表征，将其从"损毁严重"—"很完好"依次赋值为 1~5 的整数，其取值为有序分类变量，因此选取 Ordered Probit 回归来分析社会信任、组织支持对农田灌溉系统设施维护程度的影响。

（6）结构方程模型。由于农户参与农田灌溉系统治理的间接绩效由灌溉用水供给的充足性、可靠性以及灌溉用水分配的公平性进行表征，其为多维变量，因此用因子分析法对其进行公因子提取后，采用结构方程模型来探索社会信任、组织支持对农田灌溉系统灌溉供水状况的影响。

（7）分位数回归。作为农户参与农田灌溉系统治理的最终绩效，农业产出水平用粮食作物的单产和经济作物的单产进行表征，为了考察不同分位数上社会信任和组织支持对粮食作物产量和经济作物产量的影响，本书采用分位数回归探析社会信任、组织支持对农田灌溉系统农业产出水平的影响。

（8）层级回归。为了研究社会信任在组织支持影响农户参与农田灌溉系统治理行为和治理绩效中的中介效应，采用层级回归，同时根据 Baron 和 Kenny（1986）提出的判别中介变量的三个标准来分析社会信任的中介效应，以此来揭示农户参与农田灌溉系统治理的作用机制。

（三）技术路线

依据"理论研究—实证研究—政策研究"的思路，构建了本书的技术路线。首先，在文献梳理、资料搜集和专家访谈的基础上，归纳和提炼影响农户参与农田灌溉系统治理绩效的关键变量，由此构建有关社会信任、组织支持对农户参与农田灌溉系统治理绩效影响的理论分析框架；其次，设计调查计划以获得研究所需的数据支持；再次，构建计量经济分析模型，探究社会信任、组织支持对农户参与农田灌溉系统治理绩效的影响，验证理论分析形成的各种假设；最后，依据理论与实证研究结果，提出了农户参与农田灌溉系统治理的政策建议。本书的技术路线如图1-1所示。

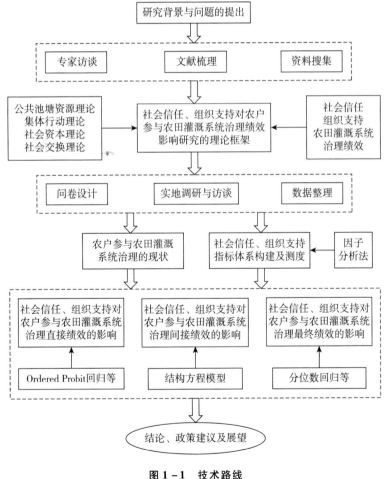

图1-1 技术路线

五　研究的创新之处

本书基于实地调研数据，将社会信任与组织支持引入农户参与农田灌溉系统治理绩效的研究当中，运用管理学的量表设计方法和经济学的数理模型分析方法，探索农户参与农田灌溉系统治理的内在机制，试图找出农田灌溉系统治理绩效低下的症结所在，并为提升其治理绩效提供新的路径选择。研究视角新颖，具有很强的探索性。同时，多角度集成研究的关键问题，并加强与其他学科的交叉渗透，确保研究内容的科学性和创新性。本书的创新之处有以下几点。

（1）在 IAD 框架基础上，运用 Binary Logit 回归和 Ordered Probit 回归，阐释社会信任、组织支持对农户参与农田灌溉系统的治理行为和直接绩效，即设施维护程度的影响。研究表明，社会信任与组织支持能积极促进农户参与农田灌溉系统治理行为以及直接绩效的提升，该结论在剔除老年人样本和用替代变量对社会信任和组织支持进行表征的情况下仍然成立，说明分析结果较为稳健。同时，利用层级回归方法，根据中介变量的判别标准，证实了在组织支持影响农户参与农田灌溉系统治理行为和直接绩效的过程中，社会信任具有部分中介效应。

（2）考虑农业收入水平的差异，利用多群组结构方程模型，分析了社会信任和组织支持对农户参与农田灌溉系统治理行为及间接绩效，即灌溉供水状况的影响。研究表明，社会信任和组织支持均对农户参与农田灌溉系统治理行为和间接绩效有积极影响，且组织支持对社会信任有积极影响。在影响总效应方面，对农户参与农田灌溉系统治理行为影响程度较大的变量为组织支持，其次是社会信任；对间接绩效影响最大的变量是组织支持，其次是农户参与农田灌溉系统治理行为，而社会信任对间接绩效的影响最小。以农户农业收入水平作为多群组分析调节变量的结果显示，高农业收入农户的社会信任对其参与农田灌溉系统治理行为和间接绩效的影响最显著，低农业收入农户获得的组织支持对其参与农田灌溉系统治理行为和间接绩效的影响最为显著，低农业收入农户获得的组织支持对其社会信任影响最大。

（3）利用普通最小二乘法和分位数回归，分析了社会信任和组织支持对农户参与农田灌溉系统最终治理绩效，即粮食作物单产和经济作物单产的影响。研究表明，对于粮食作物而言，农户的社会信任对粮食作物单产具有积极影响，且随着分位数的上升，社会信任的弹性系数大致呈现减小的趋势。农户感知的组织支持对粮食作物单产具有积极影响，且随着分位数的上升，组织支持的弹性系数大致呈现减小的趋势。对于经济作物而言，农户的社会信任对经济作物单产有显著积极的促进作用，且随着分位数的上升，社会信任的弹性系数大致呈现先下降后上升的趋势。组织支持对经济作物单产具有积极影响，且随着分位数的上升，组织支持的弹性系数大致呈现上升的趋势。

第二章
概念界定及理论基础

本章首先定义了农户参与农田灌溉系统治理的相关概念，包括小型农田灌溉系统、小型农田灌溉系统的管护治理、农田灌溉系统的治理绩效、社会信任以及组织支持；然后，对本书所涉及的公共池塘资源理论、集体行动理论、社会资本理论以及社会交换理论的内涵进行了梳理；在此基础上剖析了社会信任、组织支持对农户参与农田灌溉系统治理绩效的影响机制，以此为农户参与农田灌溉系统治理绩效的研究提供理论支撑，为下一步研究奠定理论基础。

一　相关概念的界定

（一）小型农田灌溉系统

在《农村水利技术术语》（SL 56—2013）中，农田水利是指为了防治干旱、水涝和盐碱等对农业生产的危害，对农田实施灌溉、排水等人工措施的总称。本书所研究的是农田灌溉"最后一公里"的小型农田灌溉系统，主要指灌溉面积 1 万亩、除涝面积 3 万亩以下、流量少于每秒 1 立方米的农田水利设施（周晓平，2007）。其规模虽小，涵盖范围却很广，可以归纳为：蓄水设施，主要包括小型水库、塘坝、蓄水池、水井和水窖等；引水设施，

主要包括小型引水闸以及拦河坝（闸）等；输水配水设施，主要
包括管道和渠道等；渠系建筑物，主要包括桥涵、渡槽和隧洞
等；提水设施，主要包括机井和装机功率小于1000千瓦的泵站
等；田间灌水设施，主要包括喷灌、滴灌、微灌以及灌水沟畦
等；防洪设施，主要包括小型河道堤防等；排涝除渍设施，主要包
括排水沟、排水闸、排水泵站以及地下暗管等（刘铁军，2006）。

　　小型农田灌溉系统是与大中型农田灌溉系统相比而言的，我
国目前的农田水利是按照《水利水电工程等级划分及洪水标准》
（SL 252—2017）进行划分的，灌溉面积在500000亩及以上的，
属于大型灌区；灌溉面积在50000～500000亩的，为中型灌区；
灌溉面积在50000亩以下的，为小型灌区。其中，灌溉面积在
5000～50000亩的，为小（1）型灌区；灌溉面积在5000亩以下
的，为小（2）型灌区。本书所研究的小型农田灌溉系统是指除
去小（1）型及以上规模水库和国有大中型灌区的取水工程及其
干渠、支渠以外的用来进行农田灌溉的工程和设施。本书所研究
的小型农田灌溉系统通常分布于村庄及农田周围，位置较为分
散，大部分是由政府或者村集体建设，并由村集体及农户，即小
型农田灌溉系统的使用者与受益者，进行后续管理与维护。

　　小型农田灌溉系统和大中型农田灌溉系统相比较，不仅规模
有差异，在作用方面也不尽相同。具体而言：小型农田灌溉系统
的服务对象较少，通常为村小组中的几户农户，或者行政村等，
而大中型农田水利设施的服务对象则较为广泛，且通常横跨乡镇
和流域等；小型农田灌溉系统的受益者是农户，也是由农户筹资
进行管理和维护，农户通常根据自身的经济实力进行投资，因此
投资力度较小，而大中型农田水利设施的受益者是大部分的社会
成员，筹资渠道广泛且投资力度较大；小型农田灌溉系统直接作
用于农业生产，且以追求经济利益为主要目标，而大中型农田水
利设施除了为农业生产提供服务外，还可以为工业和生态旅游业

等行业提供服务，既追求经济利益，又兼顾社会公平；小型农田灌溉系统可以改变农田灌溉和农业生产环境，能够促进农村社会发展，具有较弱的外部效应，而大中型农田水利设施则既可以改变农业生产环境，又承担水资源调配和防洪抗灾等社会安全职能，可以促进社会健康有序地发展，能产生很强的外部效应（周晓平，2007；伍柏树，2017）。

（二）小型农田灌溉系统的管护治理

小型农田灌溉系统多分布于田间地头，管理和维护较为不易，同时小型农田灌溉系统属于公共池塘资源（Ostrom，1990），由于具有公共产品的属性，其管护治理易造成公地悲剧现象。用小型农田灌溉系统的质量直接关系到农业生产和灌溉用水的利用效率（朱明达，2016），因此，为了保障小型农田灌溉系统能长期有效地为农业生产服务，其管护治理工作必不可少。小型农田灌溉系统管护治理主要指小型农田灌溉设施建成投入使用后，以"谁受益、谁负责"为原则，对所有的小型农田灌溉系统进行定期检查，并对有故障的设施进行全方位的管理和维护（宋晶，2018），确保小型农田灌溉系统的正常和持久使用。

我国小型农田灌溉系统的管护治理主要包括集权治理模式、私人治理模式以及参与式治理模式（李娜、李颖，2016）。其中，集权治理模式主要是指小型农田灌溉系统归集体所有，同时也由集体进行统一管理。在这种治理模式下，管护治理决策通常由各级行政部门进行自上而下的传达，容易与农户的实际需求形成偏差，降低治理效率。同时，当小型农田灌溉系统归集体所有时，农户不必承担治理责任，容易对小型农田灌溉系统进行滥用，从而造成灌溉设施的迅速老化，形成小型农田灌溉系统治理的公地悲剧。私人治理模式是指小型农田灌溉系统的产权归集体所有，或将小型农田灌溉系统的产权变更为归土地所有者所有，采用以农户自筹资金为主、国家补贴为辅的方式进行管护治理。这种方式将小型农田灌溉系统的管理和维护工作都转移到土地所有者身上，将会充分激发其管护治理积极性，提高治理效率。参与式治理模式是指农户自发组织进行小型农田灌溉系统治理的一种模式（Meinzen-Dick，1997），农户通过自愿组织和互助合作的方式建立农民用水户协会，通过民主选举的方式选出管理者，并在管理者的带领下进行小型农田灌溉系统的治理。由于农户充分参与整个过程，这可以在很大程度上提升农户对小型农田灌溉系统的责任感和主人翁意识，促进小型农田灌溉系统治理工作的顺利开展（Meinzen-Dick et al.，2002；Onimaru，2014；伍柏树，2017）。

随着土地所有权、承包权以及经营权的并行化，小型农田灌溉系统的管护治理有了新的进展，一些学者在"三权分置"背景下提出了新的治理模式：村级"五位一体"治理模式，专业大户和家庭农场主导的用水协会治理模式，以及农民专业合作社和农业企业治理模式。其中，村级"五位一体"治理模式是指由地方政府颁布政策并提供财政支持，由村集体组织专业队伍对小型农田灌溉系统进行治理的模式，可以有效解决无人管护和无钱管护的问题。专业大户和家庭农场主导的用水协会治理模式是指建立专业大户与家庭农场合作机制，并在此基础上组建以他们为主导的用水协会，由协会成员共同出资对共有的小型农田灌溉系统进行治理，既可以降低单个农户在小型农田灌溉系统治理过程中的投入成本，实现小型农田灌溉系统的有效供给，又符合用水协会相辅相成、自主治理的宗旨。农民专业合作社和农业企业治理模式是指由农民专业合作社和农业企业通过自筹资金和财政支持方式对小型农田灌溉系统进行管护治理，按照共同的约定设立小型农田灌溉系统治理主体，并由地方政府进行考核监督。这种治理模式可以使小型农田灌溉系统治理更加专业化和常态化，从而提高小型农田灌溉系统的治理水平（姜翔程、乔莹莹，2017）。

（三）农田灌溉系统的治理绩效

确定农田灌溉系统治理绩效定义之前，要先界定绩效的概念。绩效指执行、履行、表现和成绩的综合概括（曾勇，2017）。学者对绩效的定义有两种，一种将绩效认定为行为，是与行动目标有关系的一系列行为的总和，是可以依据成员对动作的熟练程度或者贡献水平来衡量的（Murphy and Cleveland，1991）；另一种将绩效认定为行动的结果，也是行动目标的最终体现（Borman et al.，1995）。尽管不同的学者对绩效的定义有所不同，但绩效决定着组织的运行和发展，其重要性不可忽视。

在绩效指标的选取方面，农户参与农田灌溉系统治理绩效的指标不仅需要体现农户对农田灌溉系统的需求，还需要反映农田灌溉系统治理绩效的总体状况。虽然不同的学者在绩效指标选取方面有不同的见解，但通常在选取指标方面要依据三个标准：效率、结果以及公平。效率类指标主要是衡量投入与产出的情况，结果类指标主要是对农田灌溉系统的质量进行评价，公平类指标主要是测量农户对公平的感知（史小强、戴健，2018）。

在农户参与农田灌溉系统治理绩效指标选取方面，首先，农户参与农田灌溉系统治理最主要的工作是参与灌溉设施的管理和维护，例如灌溉渠道的清淤和疏通，灌溉设施的修理和维护，等等，而这些行为造成的直接结果是灌溉设施的质量得到提升。其次，农户参与农田灌溉系统治理主要是参与灌溉用水的管理，例如监督灌溉用水分配，参与灌溉信息的传递，等等，这些行为将对农户用水的公平感知造成影响，从而对农户的农田灌溉系统治理绩效评价产生影响。最后，无论是参与设施维护还是参与灌溉用水的管理，最终的目的都是提高农业产出水平，这也是农户参与农田灌溉系统治理的最终绩效。农户种植的农作物主要包括粮食与经济作物，因此，农业产出水平又能通过粮食及经济作物单产进行表征。鉴于此，并遵循绩效指标选取的效率、结果和公平三个标准，本书选取了灌溉设施维护程度、灌溉供水状况，以及农业产出水平作为农户参与农田灌溉系统治理绩效的衡量指标，其中灌溉供水状况包括灌溉用水的充足性、可靠性和公平性，农业产出水平包括粮食作物和经济作物单产。

在绩效指标的衡量方面，既可以采用客观的指标进行测量，也可以采用主观的指标进行测量（Mushtaq et al.，2007）。而农田灌溉系统作为公共池塘资源，在绩效测量过程中引入灌溉受益者，即农户介入机制，将会充分提升绩效的可测量性和可参考性。这是因为农田灌溉系统是为农户灌溉提供服务的，将受益的农户引入测量体系，将有助于建立农户共同参与的治理机制，更好地提升农田灌溉系统的治理绩效。同时，农户的主观感受是其是否愿意参与农田灌溉系统治理以及治理集体行动是否能成功的关键所在，因此，本书的绩效指标包括主观和客观两个方面，根据农户参与农田灌溉系统治理的体现过程，将绩效划分为直接绩效、间接绩效和最终绩效，其中直接绩效是指农田灌溉系统的设施维护程度，间接绩效是指灌溉供水状况，最终绩效是指农业产出水平。

（四）社会信任

社会信任的概念源自心理学，并在研究发展过程中渐渐演变成一个多学科交叉的概念。社会信任来自人们普遍存在的对公平与合作的期望，是普遍意义上人们对其他主体的信任（史宇鹏、李新荣，2016），信任主体既可以是个人，又可以是集体、组织和制度（Welter，2012）。依据信任亲疏及主体差异，学者将社会信任进行了分类。根据信任亲疏不同，Uslaner（2002）将社会信任划分为特殊信任与普遍信任，特殊信任基于特定对象而建立，通常人们基于血缘和亲缘关系建立的信任属于特殊信任；普遍信任则没有固定对象，例如人们与朋友、邻居、陌生人等建立的信任（罗家德，2007）。特殊信任通常强于普通信任，但它们都是人与人的信任，即人际信任。人际信任基于人的先天特点或共性而建立，人们后天的长期交往也可形成，这是社会信任的基础。人们对其他抽象主体的信任也是由人际信任而来，例如人们对社会角色、机关的机构和系统、制度的信任等，都是人及其行动共同作用的结果（邱保印，2016）。在此基础上，根据信任主体之不同，Luhmann（1979）认为社会信任由人际信任以及制度信任构成。其中，人际信任基于人与人之间的关系；制度信任基于非人际关系，是以人们在交往过程中所受到的法规和契约等制度约束为基础。鉴于制度信任和人际信任在形成机制和作用机制方面的差异，在研究中应进行区分（汪汇等，2009）。

在以农耕文化和熟人关系为特征的中国社会中，具有血缘关系的人们之间通常具有较高程度的社会信任，而一旦进入社会层面，中国人的信任程度就会有较大幅度的降低（翟学伟，2014）。家庭主义促使中国人较为信任家人、亲戚与熟人（弗兰西斯·福山，2003），而对社会上的陌生人则较不信任，这也就形成了中国差序格局的信任形态，这种情况在农村社区尤为突出。农村世代定居的特征决定了农户与同一社区其他农户较为熟悉，且在世代长期互动的基础上更容易建立高程度的社会信任（高虹、陆铭，2010）。除了以血缘、亲缘和地缘建立的人际信任之外，农户的社会信任还有对村里相关制度的信任。在农村社区中，农户通常是在村干部的组织和宣传下对相关制度进行了解，并在村干部领导和协调下落实各项制度实施工作，因此，农户对村干部的信任也被看成制度信任的一部分（张芷芸、谭康荣，2005；邹宇春、敖丹，2011）。当然，村干部的个人能力只能影响制度的落实，法规和条例等制度本身才是农户制度信任的关键所在。为农户提供良好发展平台的合理制度更能获得农户的认可和信任，也更能增强农户对政府部门的依赖性和信心。

本书的社会信任包括农户对亲人、邻居和非邻居同村村民的人际信任，以及对村干部和管护制度的制度信任，这些决定着农户愿意在多大程度上根据他人的建议而采取行动。农田灌溉系统的治理需要众多农户的共同参与，农户之间建立的信任是彼此合作的基础（Blau，1964）。当农户之间处于较高的信任水平时，农户将更愿意与他人进行信息分享和合作，这可以降低合作中的不确定性和易变性，使合作更为稳定和持久（Nooteboom，2002），也可以弥补正式制度的缺陷（弗兰西斯·福山，1998）。同时，农户之间较高的信任水平还会形成一种约束机制，能有效地解决农田灌溉系统管护治理集体行动中的搭便车问题，而农户对制度较高的信任水平能提高农户对制度和村干部的认可度，促使农户在村干部带领下参与农田灌溉系统治理。从这个角度来看，社会信任成为镶嵌在农户与农户关系中的行动资源（刘鸿渊等，2010），而这种资源为破解农田灌溉系统管护治理困境提供了新的思路。

（五）组织支持

自从 Eisenberger 等（1986）提出组织支持概念后，组织支持便获得了很多学者的关注。以往研究强调成员对组织的忠诚和承诺，忽视了组织对其成员的许诺和支持，而组织支持感弥补了这一缺陷，将重点放在组织如何为其成员提供支持，感受到组织支持的成员如何调整自己的行为，从而更好地回馈组织。Eisenberger 等（1986）的观点是，组织支持感是各成员形成的组织关注他们贡献及关心他们福利的整体感知，创建了包括 36 个指标的组织支持感的问卷。但 Eisenberger 等（1986）认为组织支持是单一维度，且重点强调组织在情感方面对其成员的支持，但实际上组织支持表现在很多方面，可以满足成员不同的需求，也就是说，组织支持应该是一个多维的结构。因此，在 Eisenberger

等（1986）研究的基础上，凌文辁等（2006）根据中国企业实际情况，重新划分了组织支持的维度，认为其包括工作支持、认可成员价值以及关心成员利益三个部分。在综合 Eisenberger 等人以及凌文辁等人研究的基础之上，很多学者认为组织支持包括情感支持以及工具支持这两方面，而且依据研究领域的差异适当地调整了组织支持的问卷。

组织支持的研究主要集中于企业以及公司等营利性机构，而针对诸如村委会及农民用水户协会等非营利性机构的研究较少。不同于由血缘、亲缘、地缘或者神缘组成的家族宗法组织、同乡组织或宗教组织，企业和公司等营利性机构是结构比较紧密的正式组织，是组织所有者和成员通过契约关系自由地组合形成的开放性社会组织。成员对工作的积极投入是其盈利的关键，而组织支持一方面会满足成员在组织中的归属感，减弱成员的离职意愿；另一方面又会促使成员形成关心组织利益的义务感，增加成员对组织的情感承诺（McMillan，1997；凌文辁等，2006）。同时，基于互惠原则，感受到组织支持的成员除了积极投入工作减少消极怠工行为以外，还会产生角色外行为来回报组织支持（Charness and Rabin，2002），例如为组织发展提供宝贵意见、掌握对组织发展有益的能力与知识、协助组织规避风险等（George and Brief，1992）。综上所述，组织支持可以很好地预测其成员的组织公民行为，且与角色外绩效之间有积极关联。

作为农田灌溉系统治理中的重要组织，村组织（包括村委会和农民用水户协会等与农田灌溉系统治理相关的村级组织）是结构较为松散的非正式组织，与企业和公司等营利性组织经营模式不同。本书的组织支持是指村组织在农田灌溉系统治理过程中给予农户的情感、物质和工具等方面的支持。农田灌溉系统的管护治理成本很高，超过了单个农户家庭的承受范围，需要众多农户的共同参与。而农户亲疏关系不同，共享同一渠道的农户个体自发组织进行农田灌溉系统管护治理的概率较小，所以需要村组织在治理过程中进行领导和协调。因此，农田灌溉系统的治理通常是以村庄为单位进行，是众多农户个体在村组织的带领下自主选择参与的过程。在这种情况下，村组织的支持一方面可以使农户感受到村组织对农田灌溉系统治理的重视，另一方面还可以通过集体行动来降低农户个体的投入成本，提高农户参与管护治理的积极性（杨阳等，2015）。村组织对农户的支持既包括尊重、关心和重视等情感支持，也包括给农户提供设施、管理人员以及信息等工具支持，既能满足农户的情感需求，又有助于农户实现有效灌溉。基于社会交换理论和互惠原则，农户更倾向于在村组织的领导下积极参与农田灌溉系统治理，有利于实现较高的治理绩效。

二 农户参与农田灌溉系统治理的理论依据

（一）公共池塘资源理论

公共池塘资源理论由 Ostrom（1990）提出，旨在解决公共事务治理问题。她认为，公共池塘资源是自然或者人造的一个资源系统，该系统足够大，可以让不使用该资源的潜在受益用户付出高昂的成本，但也并非不可能排除。公共池塘资源的整个系统由人们共有，但人们分别享用各自的资源单位，而且它还具备非排他性以及竞争性，其中，非排他性意味着若某人消费该物品，他无法剥夺另一个人也同时消费该物品的权利，而竞争性意味着当某人享用该物品时，同时享用该物品的其他人的利益将受到损害（李琼，2013）。

公共池塘资源存在两种传统治理模式，分别是利维坦模式以及私有化模式。其中，利维坦模式主张中央政府应当持续地对大部分自然资源系统进行控制，从而避免公地悲剧的发生（Carruthers and Stoner，1981），这是因为公共池塘资源具有非排他性。但是，这种模式的有效实现是基于准确的信息、强有力的监督和可靠的制裁。若没有准确的信息，中央政府将无法制定准确的政策，也无法有效地监督和惩罚农户的不当行为。私有化模式主张中央政府应当放弃对自然资源的所有权，并对公有资源实行私有财产权制度（Johnson，1972），这是因为公共池塘资源具有竞争性。在这种情况下，个体理性将促使人们在追求各自利益最大化的同时实现公共池塘资源使用的帕累托最优（Ostrom，1990）。这两种模式相互对立，若一种主张是正确的，另一种主张则是错误的，这是因为矛盾的双方不会同时都正确。但是，无论是集权论还是私有化论，均非唯一解决方案，因此，在此基础上 Ostrom（1990）提出了公共池塘资源的自主组织及自主治理模式。

自主组织和自主治理模式中，人们为了维护集体利益而组织起来，并在规则范围内自主管理公共池塘资源。为保障公共池塘资源治理的可持续，Ostrom（1990）提出了八项设计原则，用来激励资源占用者遵守规则并对他人进行监督，具体而言，包括清晰的边界，即公共池塘资源的界限须明确，并且应明确公共池塘资源使用权所属个人或者单位；占用及供应的相应规则必须因地制宜，也就是说，公共池塘资源的占用时间以及地点、技术以及资源数量的使用规则，必须与当地实际情况、劳动以及资金供应规则相匹配；集体选择的安排，也就是受到操作规则约束的用户有权利参与操作规则的修改，可以保障操作规则有效地与当地实际情况进行融合；监督，也就是有效地监督公共池塘资源的实际情况，以及资源占用者的行动；分级制裁，即如果公共池塘资源的占用者违反了操作规则，将会根据其违反的内容和程度，受到其他占用者和当地行政部门的制裁；冲突解决机制，也就是公共池塘资源占用者以及当地行政部门人员可以利用投入较低的平台，有效化解资源占用者之间的矛盾；最低限度的认可组织，公共池塘资源占用者更多地认可他们设计的制度，不被外部权威所干扰；分权制企业，即层次较多的分权制企业组织并管理资源供应、占领、监督、执法、解决冲突以及治理活动（Ostrom，1990）。在此基础上安排制度，将会激发人们积极地维护相应的公共池塘资源，愿意付出努力来保持制度的持久，破解公共池塘资源治理的合作困境。农田灌溉系统是典型的公共池塘资源，它的管护治理同样适用该自治模式。

中国在农田灌溉系统治理方面进行了很多探索，从最初集体经营体制时期的集体化治理，到之后家庭联产承包责任制时期的产权放开治理，农村税费改革后的乡村合作治理，以及市场化改革时期的产权多元化治理，一直在探索合适的农田灌溉系统治理模式。从 20 世纪 90 年代中期开始，中国联合大中型灌区的更新改造以及后续的设施配套，并在国际组织的支持下对用水户参与灌溉管理进行了改革试点。作为灌溉系统的提供者，政府提供资金和设计，使农田灌溉设施的供给达到一定水平后，授权当地的农民对灌溉系统进行管护治理，政府将包揽的治理职责部分或全部移交给农民的自治模式是效率最高的（Ostrom，1990；Huang et al.，2009；Muhammad et al.，2014）。但由于农田灌溉系统具有公共产品属性，农户使用农田灌溉系统时将会遵循自身利益最大化的原则，而在参与农田灌溉系统治理时会倾向于选择搭便车行为，这就有可能导致农田灌溉系统利用的公地悲剧。而社会信任和组织支持将为破解农田灌溉系统的治理困境提供新的思路，这也是本书的重点所在。

（二）集体行动理论

群体理论认为，当人们具有共同的利益时，他们将会自愿地为促进共同利益而展开行动（Truman，1958）。集体行动是组织成员为了获取共同的利益而达成的一致行动，是组织成员共同遵循规则或者执行规范的行为。在集体行动中，组织成员之间并不存在严格的界限与行为准则，更多的是靠组织成员之间约定俗成的规则来行事（董海荣，2005）。在这种情况下，集体行动能否成功则主要依赖于组织成员的主观能动性，若组织成员愿意与其他成员配合形成紧密的合作关系，则能有效保障集体行动的有效达成；若组织成员不愿意与他人进行合作，则集体行动将很难有效达成。

在集体行动的研究中，具有代表性的人物是奥尔森。奥尔森（Olson，1971）在其著作《集体行动的逻辑》中提出集体行动理论，重点关注公共产品供给问题。奥尔森认为，组织成员通过比较付出和收益从而决定是否参与集体行动，而至少存在两个成员认为他们可以在集体行动中获得收益时，集体行动才有可能达成。当社会环境稳定且封闭时，组织成员更倾向于公共产品的供给。但是集体行动带有公共产品属性，即使组织成员在集体行动中并无贡献劳动，依然可以分享他人集体行动成果，在这种情况下，付出和收益对组织成员参与集体行动的激励是不足够的，组织成员在集体行动中通常会存在搭便车心理和行为（Simon et al.，1998），即只享受集体行动的成果而不愿承担其成本。即使是小团体，因搭便车行为出现而形成的合作困境依然很多。当一个成员存在搭便车的行为而未被及时制止时，将有更多的成员选择搭便车，这也会导致集体行动无法达成，从而影响到公共产品的供给（许增巍，2016）。

集体行动中由于搭便车问题的存在容易出现合作困境，Ostrom（1990）提出了摆脱困境需要面临的三个问题。首先，新制度供给问题，即制定相应规则，并保证它的普遍约束力，以此来对机会主义行为进行制约。Ostrom（1990）认为，公共池塘资源占有者建立的自主治理制度可以有效解决搭便车问题，从而避免公地悲剧现象的发生。但是，公共池塘资源占用者即使花费大量的精力和时间对集体行动的规则进行设计，如果不考虑资源占用者对遵守规则的承诺，即可信承诺问题，合作困境仍然无法得到有效破解。占用者在使用公共池塘资源时，如果违反承诺带来的利益非常可观，那么其将受到诱惑而采取搭便车行为。而只有当占用者在制度约束下对其他占用者做出可信承诺之后，制度才能有效运转。因此，监督问题的有效解决是可信承诺发挥作用的关键，这也是摆脱合作困境所面临的相互监督问题。有效的监督是公共池塘资源自主治理成功的原因之一，如果监督不存在，可信承诺便也无法形成，而可信承诺的存在是制定新规则的基础，也是实现公共池塘资源有效自治的关键（Ostrom，1990；鲍文涵，2016）。

在破解搭便车困境方面，社会认同感起到了关键作用。社会认同感会为组织成员营造一个良好的合作氛围，尤其是在集体行动初期（Zomeren et al.，2004）。当组织成员的社会认同感很强的时候，他们会在心理上对搭便车这种不道德的行为进行抵触，从而选择积极参与集体行动来保障公共产品的供给（Simon et al.，1998）。除此之外，成员间相互的沟通协作也不可忽视，组织成员在集体行动中因遭受不公平待遇而出现的消极情绪可以通过沟通的方式进行化解，从而将消极情绪转化为更优的行动策略，并最终作用于集体行动（李斯斯，2014）。

本书研究的农田灌溉系统作为典型的公共池塘资源，在管护治理集体行动中农户个体的理性往往会导致其搭便车心理和行为的产生，从而形成集体的非理性，将不利于农田灌溉系统治理绩效的提升。在这种情况下，社会信任和组织支持为破解农田灌溉系统管护治理集体行动中的合作困境提供了新的思路。农户的社会信任能促进彼此之间的沟通交流，增强彼此的认同感，而彼此的认同感则会对农户形成道德约束，减少管护治理中的搭便车行为。而组织对农户的支持能有效地增强农户对组织的认可，从而愿意在村组织的带领下参与农田灌溉系统管护治理集体行动，这些都对提升农田灌溉系统治理绩效是有利的。

（三）社会资本理论

社会资本的思想历史悠久，而在近几十年才逐渐发展成熟。Hanifan（1916）率先提出了社会资本，之后，Jacobs（1961）也开始运用社会资本，Bourdieu（1984）对社会资本理论进行了系统分析，但令社会资本广为人知的是 Putnam 等（1993）。作为 20 世纪社会科学最具影响力的理论之一，社会资本理论最初主要应用于社会学领域，由于其较为强大的解释力，之后逐渐被社会学家、管理学家以及政治和经济学家用来解释集体行为、社会和经济发展以及组织管理等方面的社会问题。学者们对社会资本的内涵有不同的理解，但较为一致的是都强调信任、网络、互惠以及规范，因此，农户的社会资本可以概括为家庭成员和社会的其他主体之间形成的关系网络、互惠性的规范以及在此基础上形成的信任。

社会资本在人们的生活中扮演着重要的角色，是作为人力资本和物质资本之外的第三种资本而存在。人力资本是投资于人的资本，物质资本是指实物和货币等实际资本，与二者一样，社会资本需要人们长时间累积形成。不同于人力资本的可流动性，社会资本并不具备流动性，不可转让也不可让渡（Coleman，1988）。同时，不同于物质资本的越用越少，社会资本并不会越用越少，它具有可再生性，可以随着使用频率的增加而逐渐增加。但是社会资本也不是一直都会增加，当人们做出错误的行为时，有可能会在很短时间内失去他人的信任和与社会的联系，社会资本有可能因此迅速流失掉（朱宏，2016）。另外，社会资本比其他资本的社会性更强，收益的外溢性也更强，可以作用于人们之间的福利共享，也可以促进利益共同体的形成和发展（李惠斌、杨雪冬，2000）。

在破解公共池塘资源治理合作困境方面，社会资本有重要的作用。农村的社会资本通常是在农村社区中，在血缘、亲缘、地缘以及熟人关系基础上，农户通过长期的沟通交流和互助合作而形成的，体现为农户之间以及农户与组织之间的信任、互惠、网络和参与等资源（刘春霞，2016）。首先，社会资本可以将单个农户组织起来，降低单个农户的交易风险和经济压力，提高公共池塘资源的供给效率。其次，社会资本可以增加农户之间的沟通交流，这既有助于降低信息的不完全程度，从而降低农户之间合作的不确定性和合作中的交易成本，又可以促进农户之间信任机制的建立，进而促进农户进行自愿合作（陈成，2015）。再次，社会资本可以增强农户对自身社会身份的认同感并提升人们社会心理的稳定程度，而这有利于强化他们的社会责任感和共同利益感，从而矫正个体在集体行动中的不道德行为。最后，社会资本中的信任因素能够规避集体行动中的欺骗和投机等不道德行为，从而促进合作的有效达成（姜庆志，2015）。

农田灌溉系统属于公共池塘资源，因此也受到社会资本的影响。中国农村社区是熟人社会，其中蕴含着信任、网络和互惠等重要的社会资本要素，会在农田灌溉系统治理过程中产生重要影响。在农户参与农田灌溉系统管护治理集体行动中，引入社会资本机制，一方面可以促进农户在共同治理农田灌溉系统的过程中更好地感受社区归属感，加强农户之间的沟通协作，有效促进农户自觉遵守村域规范；另一方面可以将农户个体的利益与农田灌溉系统治理的集体利益相统一，对农户获取资源形成激励或者约束，在提高农户合作水平的同时有效弥补政府在农田灌溉系统管护治理方面的不足（刘春霞，2016）。而作为社会资本关键维度的社会信任，对农户参与农田灌溉系统治理有重要影响，一方面其包含的人际信任可以建立农户之间的信息共享机制，降低信息不完善给农户带来的风险（何可等，2015），并增强农户在农田灌溉系统治理过程中的监督能力；另一方面其包含的制度信任可以建立农户的内在约束机制，减少农户搭便车等机会主义行为（Sonia，2013；Herb and Hartmann，2014），促使农户遵守治理规则，从而最终突破集体行动困境，实现农田灌溉系统的有效治理。

（四）社会交换理论

社会交换理论起源于20世纪60年代的美国，该理论认为，人们交换各种资源并期待从中获取更多收益，同时，人们在社会交换中建立并维持自己的社会关系（杨丽君，2010）。社会交换理论在解释个体行为的过程中强调个体的心理因素，认为人们的行为会被有报酬和奖励的交换活动所影响，人们的社会活动都能够归结成一种交换（罗安娜，2014）。

作为早期社会交换理论的代表性人物，Homans（1958）认为人与人之间的互动在本质上为一个交换过程。这种交换不仅涵盖物质交换，还涵盖精神交换，例如获得鼓励、安慰以及社会地位等。他认为，个体行为的产生遵循以下几个基本原则：越能经常获得报酬的行为，越可能被人们重复；当刺激相同的时候，人们的行动会相同或者相似；如果某种行为的后果价值较高，人们往往愿意采取该行为；个体近期重复获取相同报酬的次数越多，则追加的报酬对其价值越小；人们的行动未得到相应报酬或者受到了预期外的惩罚时，人们会产生负面情绪，而当人们的行动得到了相应报酬、比预期的报酬高或者未受到预期惩罚时，人们会产生积极情绪；人们具有理性行为，其在采取行动时既关注报酬的价值，也关注在多大概率上能够得到报酬；人们在交换的过程中希望得到比成本较高的报酬。

在Homans（1958）之后，Blau（1964）在社会交换理论方面取得了突破，他强调交换双方的互惠，不但研究了交换双方，还研究了未实现公平原则的交换活动。在社会交换的要素和准则方面，Blau（1964）也提出了自己的见解，具体而言：交换的互惠性，也就是交换活动对双方都有利，当其中一方采取可以使另一方获益的行动时，另一方有责任回报该行为，这种回报是自愿的；内在性酬赏和外在性酬赏，其中，前者获取的利益来源于社会交换这个活动本身，后者获取的利益来源于社会交换关系之外；信任的价值，即信任降低社会交换中的风险，使社会交换得以持续；权利的产生，即社会交换具备互惠义务，当交换的一方无法用同等价值物回馈另一方时，就不得不选择放弃一些权利来保障最终的交换均衡。

另一个研究社会交换理论的代表性人物是 Emerson（1976），他在个人行为倾向的基础上研究了个人和集体之间的交换关系，探究个人与集体之间的交换关系是否适用同样原则。他的研究并未强调行动者的特征，即行动者既能是个人又能是集体，而是重点关注交换关系的结构，所以依赖、权利和平衡就成了交换关系中的核心部分。Emerson 研究了微观和宏观问题，很好地破解了社会学理论中宏微观分裂的局面（冯小东，2014）。

在农户参与农田灌溉系统治理过程中，村组织为农户提供相应的情感支持和工具支持，基于社会交换理论，得到村组织支持的农户倾向于采取行动回报村组织的支持，并在村组织的带领下积极参与农田灌溉系统的管护治理工作。同时，农户不仅与村组织这个集体有交换活动，与其他参与农田灌溉系统治理的农户之间也有交换活动。这是因为农户在参与农田灌溉系统治理过程中，一方面要与其他农户进行沟通交流，共同合作达成集体行动；另一方面要对其他农户的行为进行监督，减少由其他农户搭便车造成灌溉资源使用的不公平。农户与村组织和其他农户之间的社会交换，不但能够激励农户对村组织的农田灌溉系统治理做出积极的行为响应，而且能够在农户之间形成一种软约束，减少农户搭便车行为，促进农田灌溉系统治理集体行动的达成，并最终作用于治理绩效的提升。

三　社会信任、组织支持对农户参与农田灌溉系统治理绩效的影响机制

（一）农户参与农田灌溉系统治理绩效的分析维度

在对农户参与农田灌溉系统治理绩效进行研究时，首先要确定合理的分析维度。为了能全面地分析农户参与农田灌溉系统的治理绩效，本书根据农户参与农田灌溉系统治理绩效的体现过程，确定了治理绩效的分析维度：设施维护程度、灌溉供水状况，以及农业产出水平。首先，设施维护程度是农户参与农田灌溉系统治理的直接体现，也是农田灌溉系统充分发挥作用的先决因素。其次，灌溉供水状况是农户参与农田灌溉系统的间接体现，主要表现为灌溉用水的供给充足程度、可靠程度以及灌溉用水的分配公平程度。村庄的灌溉用水由上级水利部门根据村庄耕地面积进行统一分配，因此，良好的灌溉设施将能减少水传递过程中的损耗，对加强灌溉用水的充足性是有益的；灌溉用水可靠性方面，若部分农户拖延或拒绝缴纳灌溉水费，将造成上级水利部门延迟划拨该村的灌溉用水，从而影响灌溉用水的及时供给；而信息的不完善是导致农户缺乏监督，从而加剧农户不公平感的重要诱因。无论是设施维护程度，还是灌溉供水状况，都可以通过农户积极参与农田灌溉系统治理得到改善，并最终作用于农业产出水平的提升，而粮食及经济作物是农户经营的主要作物，因此，可以用粮食作物单产和经济作物单产来对农户参与农田灌溉系统治理最终绩效进行表征。

（二）研究视角的再阐释

社会资本在农户参与农田灌溉系统治理中有不容忽视的作用（刘庆、朱玉春，2015；蔡起华，2017；杨柳等，2018b）。作为

社会资本的关键维度，理论上，社会信任对农户参与农田灌溉系统治理绩效亦有重要影响。在中国农村地区，农户由于世代居住而与其他村民建立了亲密的社交关系，尤其是与亲戚、邻居和其他村民之间，频繁沟通交流有利于增强彼此的信任。信任是合作的基础（Blau，1964），较高的信任水平能够降低农户之间合作的交易成本，促进合作的顺利达成（何可等，2015）。在农田灌溉系统治理过程中，农户之间的信任可以减少合作的摩擦，促进集体行动的有效达成，并最终提升农户参与农田灌溉系统的治理绩效。但农户对亲戚、邻居以及其他村民的信任，均属于人际信任的范畴，不具备强制性，仍然需要制度来约束农户的行为，农户对这些制度和规则的信任，就是制度信任（韩雅清等，2017）。通常，除了对制度本身的信任之外，农户对村干部的信任也会被认为是制度信任（张苙芸、谭康荣，2005；邹宇春、敖丹，2011）。这是因为村干部是制度的主要执行者，农户越信任村干部，越相信村干部会为其谋取利益，也越愿意对村干部的号召做出积极的行为响应，即积极参与农田灌溉系统治理，从而有利于农田灌溉系统治理绩效的提升。

另外，村组织的支持是农户愿意在农田灌溉系统中做出贡献的重要诱因，这是因为农户参与农田灌溉系统治理需要的投入较多，远远超过单个农户家庭的承受范围，而村组织的支持则是农户参与农田灌溉系统治理的重要驱动力（杨阳等，2015）。村组织对农户的支持包括尊重、关心和重视等情感支持，以及设备、信息和人员等工具支持。村组织的支持一方面可以缓解农户的资金投入压力，为农户灌溉提供良好的物质保障；另一方面可以满足农户在农田灌溉系统治理以及灌溉过程中的情感需求（杨柳等，2018a），基于社会交换理论，农户将愿意付出更多的努力来回报村组织的支持（宗文等，2010），体现在农田灌溉系统治理中，便是积极参与农田灌溉系统治理，从而提升农田灌溉系统治理绩效。

综上分析，社会信任以及组织支持对农户参与农田灌溉系统治理绩效有重要作用，因此，本书基于社会信任和组织支持的双重视角，探究两者对农户参与农田灌溉系统治理绩效的作用机制，具有非常重要的理论和实践价值。

（三）作用机制分析

在界定本书相关概念以及分析相关理论的基础上，结合所设计的研究内容，探析了社会信任、组织支持对农户参与农田灌溉系统治理绩效的影响机制，如图 2－1 所示。具体而言有以下方面。

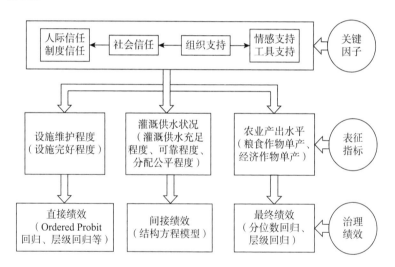

图 2－1　社会信任、组织支持对农户参与农田灌溉系统治理绩效的影响机制

第一，社会信任能够促进信息共享和管护治理合作。同一村域内的农户，由于世代居住，彼此之间较为熟悉，频繁的沟通交流促进了彼此信息的共享。在农田灌溉系统治理中，这种信息共享不但可以使农户及时地了解到灌溉信息，还能对他人在农田灌溉系统治理中的行为进行充分的监督，降低搭便车的概率，保障自身的灌溉权益，从而提高农户参与农田灌溉系统治理水平。同时，农户之间的信任关系有助于合作的达成，一方面，当农户信任他人时，愿意在他人的建议下采取行动，这可以在一定程度上修正农户行为的偏差，增强农户与他人的合作倾向；另一方面，相互信任的农户容易形成较为一致的价值观，有利于减少农田灌溉系统治理过程中的摩擦，从而降低管护集体行动的交易成本。社会信任的这些作用都能够在一定程度上促进农户参与农田灌溉系统治理集体行动的达成，并提升农田灌溉系统治理绩效。

第二，社会信任有利于农户内在约束机制的构建。社会信任所蕴含的声誉机制，以及社会信任中的制度信任所形成的软约束，都能影响农户行为的选择。同一村域内或跨村域的农户通过长期的沟通交流，能够在彼此心目中建立一定的声誉，这种声誉可以使农户产生互惠行为，对农户的生活和农业生产都会产生影响，因此，为了维护自己的声誉，农户倾向于在与他人合作时更多地考虑他人的感受，或者为他人做更多的事情。在农田灌溉系统治理中，农户为了不让自己失信于他人，会尽量避免采取搭便车行为，因为搭便车会给自己的声誉造成损害，而声誉的建立需要漫长的过程，损害后，要重新建立则会很困难。除了声誉，管护制度在村域内形成的软约束能有效避免农户的搭便车行为，因为农户为了避免因违反制度而遭到惩罚，将不会选择搭便车行为。农户内在约束机制的建立简化了农户参与农田灌溉系统治理的激励机制，在一定程度上有利于激励农户参与农田灌溉系统治理，从而提升治理绩效。

第三，组织支持有利于农户组织公民行为的产生。村组织对农户较高的组织支持能够增加农户对村组织的认可，其将会对村组织表现出较大的善意，并付出较多的努力来回报村组织。在农田灌溉系统治理中，农户自身无法负担农田灌溉系统治理的成本，如果村组织能领导农户共同参与治理，并为农户的灌溉提供相应的支持和帮助，将会大大减少农户的治理成本，农户将对村组织更加忠诚。基于社会交换理论，农户将更倾向于对村组织的集体行动号召做出积极的行为响应，即积极参与农田灌溉系统治理。除此之外，感受到村组织支持的农户倾向于表现出额外的积极行为，即组织公民行为，虽然并非农户的角色内所要求事情，但互惠心理会促进农户做出组织公民行为，通过对村组织的帮助来回报村组织的支持，在农田灌溉系统治理中主要体现为积极参与设施维护、遵守灌溉秩序、积极鼓励他人参与管护治理等，这能够在一定程度上提升农户参与农田灌溉系统治理绩效。

第四，组织支持有利于农户社会信任水平的提高。组织支持除了能够直接对绩效产生影响之外，还能够通过其他变量的中介效应来影响绩效（罗安娜，2014），其中就包括社会信任。村组织的支持可以为农户提供良好的沟通交流的平台，首先可以促进农户之间的沟通交流，并有助于提升农户在此基础上产生的人际信任水平；其次可以提升农户对村组织的忠诚度，进而提升农户对村组织和村干部的认可程度；最后能够激发农户为改善村组织现状而主动表达自己的建议，其中包括对村干部的建议和对村庄相关制度的建议，这能够在一定程度上增加农户对村干部和制度的认可，提升农户的制度信任水平。在农户参与农田灌溉系统治理中，组织支持除了能直接影响农户参与农田灌溉系统外，还能够通过社会信任的中介效应，最终影响农户参与农田灌溉系统的治理绩效。

四 本章小结

本章对农户参与农田灌溉系统治理中的相关概念进行了界定，厘清了小型农田灌溉系统、小型农田灌溉系统的管护治理、农田灌溉系统的治理绩效、社会信任以及组织支持的内涵。在此基础上，对农户参与农田灌溉系统治理过程中所涉及的公共池塘资源理论、集体行动理论、社会资本理论以及社会交换理论进行了阐述，进而剖析了社会信任、组织支持对农户参与农田灌溉系统治理绩效的作用机制，为本书进一步的研究奠定了良好的理论基础。

第三章

农户参与农田灌溉系统治理的现状分析

本章首先对农田灌溉系统治理的发展历程进行了分析，阐释了不同阶段农田灌溉系统治理的特征；其次，对本书所使用的数据来源及样本特征进行了说明和分析；再次，对农户参与农田灌溉系统治理行为和治理绩效的现状进行了分析，其中，农户参与农田灌溉系统治理的行为包括农户参与投资、参与监督、参与管理和参与维护，治理绩效包括设施维护程度、灌溉供水状况以及农业产出水平；最后，对农户参与农田灌溉系统治理中的现实问题进行了剖析，为接下来的研究提供现实依据。

一 农田灌溉系统治理的发展历程

农田灌溉系统治理与农民的农业生产、管理以及国家的粮食安全密切相关，政府一直给予高度关注。2016 年，中央一号文件《中共中央国务院关于落实发展新理念加快农业现代化实现全面小康目标的若干意见》中提出，要将农田水利作为农业基础设施建设的重点，必须逐步完善农田灌溉设施，并加强田间渠系工程配套和河塘清淤整治等，强调农田灌溉系统产权制度改革的机制，并提倡将社会资本引入农田灌溉系统的治理中。农田灌溉系统治理在中国经历了多个阶段，分别为集体经营体制时期的集体化治理，家庭联产承包责任制时期的产权放开治理，农村税费改革后的乡村合作治理，以及市场化改革时期的产权多元化治理。

（一）集体经营体制时期的集体化治理

1949～1978 年，农田灌溉系统主要由国家进行集体化治理，这一阶段主要是大力兴建农田水利设施。新中国成立初期，政府以公有制与计划经济为依托迅速发展工业，而作为工业发展的坚实基础，农业的发展也受到了高度关注。由于地理位置和气候的原因，我国历史上旱灾频发，这严重影响了粮食生产和农业发展，而要解决这一问题，关键在于重点建设农田水利工程。在集体经营体制时期，农田水利的建管护主要由集体负责，主要经历了三个发展阶段，分别为"大跃进"时期、调整巩固时期，以及农田基本建设高潮时期。具体而言，在"大跃进"时期，政府带领农户重点建设了很多农田水利设施，例如大型水库和灌区、中小型灌溉渠道等，中国大部分农田水利工程为"大跃进"时期所建。在调整巩固时期，政府农田水利发展的重点已从大力兴建转移到了配套设施的供给，完成了"大跃进"时期农田水利工程的后续配套工作，帮助它们更好地起到相应的效用。在经历了"文化大革命"时期短暂的休整之后，农田水利设施在农田基本建设高潮时期获得了较大的发展，大大增加了中国的有效灌溉面积（吴秋菊，2016）。

在集体经营体制时期，农田灌溉系统的产权主要归政府与集体所有，其中包括建设、占用以及使用权。在这个阶段，农田灌溉系统的治理政策包括以工代赈、民办公助以及三主方针。其中，以工代赈是指农户在农田水利设施建管护过程中投入劳动，政府给予农户相应的报酬，这样既可以增加农民的收入，又有利于政府利用较少的资金获得较好的农田灌溉系统的建管护效果，这是一种双赢的策略。民办公助是指农民在国家的号召下参与农田灌溉系统的建管护，在此期间，农户可以获得政府的相应补助，虽然农田灌溉系统仍然归集体所有，但可以在一定程度上激发农户积极参与到其建管护过程中。三主方针是指以蓄水为主、小型为主和社办为主的方针，鉴于大中型农田水利设施要充分发挥灌溉作用，需要有小型农田水利设施与之配套，因此国家将农田水利设施的建管护重点转移到了小型农田水利设施当中。同时，为了改善农田灌溉条件，政府着手兴建以蓄水为主的水源工程，并积极发挥社队的主观能动性，由社队负责农田灌溉系统的管理工作（周晓平，2007）。

农田灌溉系统的公有制产权属性能有效提高其建管护决策效率，也大大降低了其治理过程中的交易成本，但集体化治理模式也存在很多弊端。首先，集体化治理模式主要由政府进行决策和治理，这种模式难以有效对接农户的真实需求，难以使农田灌溉系统充分发挥作用。其次，集体化治理模式主要由集体负责农田灌溉系统的治理，难以充分激发农户的参与积极性。最后，集体化治理模式中，政府需要投资进行农田灌溉系统的治理，这无疑给政府增加了很大的经济负担，加之该阶段政府对农田灌溉系统的重建设轻管护，致使其管护治理工作往往落实不到位，容易出现渠道年久失修和水利设施破损老化等现象，从而影响农户的农业生产经营。

（二）家庭联产承包责任制时期的产权放开治理

随着1979年家庭联产承包责任制的实行，国家鼓励在农田灌溉系统治理过程中实行谁建设、谁经营、谁受益的原则，将农田灌溉系统的治理职责逐渐由国家和集体过渡到农户，农户逐步开始参与到农田灌溉系统的治理过程当中，这一阶段一直持续到2000年。1993年水利工作会议上，水利部提出建设水利五大体系，涵盖水利投资体系、资产经营管理体系、价格收费体系、法制体系以及服务体系建设，有效地促进了农田灌溉系统治理改革。各地政府也在中央的号召下进行了很多尝试，在之前单一承包形式的基础上增加了租赁和股份制合作等形式，并采用了个人承包和联户办等形式对农田灌溉系统进行治理。与集体化治理模式相比较，产权放开治理一方面实现了农田灌溉系统的建管护与责权利的统一，另一方面充分激发了农户参与农田灌溉系统治理的积极性。这个阶段农田灌溉系统的建管护由依赖政府转变为依赖农户投入，杠杆效应较为明显。

在将农田灌溉系统的产权从公转变为私的过程中，不同的承包形式有效提高了农田灌溉系统的经济效益，但也出现了很多弊端，比较典型的就是损公肥私行为。这是由于农田灌溉系统的所有者仍然是集体，但是在产权放开治理阶段，集体将农田灌溉系统委托给私人进行管理，由于缺乏相应的监督机制与激励机制，私人在管理农田灌溉系统过程当中会为了个人经济利益而伤害集体利益，结果不但导致了灌溉水资源的浪费，而且加重了农田灌溉系统损毁和加速折旧，阻碍了农业的良好进展。同时，由于产权改革的不完善，农户虽然参与到农田灌溉系统的治理当中，但农田灌溉系统的产权依然属于国家和集体，农户在农田灌溉系统治理过程中并不拥有决策权，农田灌溉系统的建管护仍然是由各地政府自上而下发动并激励农户参与。另外，政府和农户之间的沟通机制不完善，加之农户认为农田灌溉系统的建管护是国家的事情，导致农户参与农田灌溉系统治理的积极性并不高，也因此影响了农田灌溉系统的治理绩效。

（三）农村税费改革后的乡村合作治理

随着 2001 年中国取消了部分地区的农业税，农田灌溉系统治理进入第三个阶段，即乡村合作治理阶段。在农业税取消之前，农田灌溉系统的建管护资金主要来源于农业税。对于农田灌溉系统的建管护来说，稳定的治理资金来源有利于保障农田灌溉系统的有效治理，能够为农业生产经营提供更坚实的保障，而农业生产经营状况良好又有利于农户顺利缴纳农业税，理论上，这会形成一个良性循环。但实际情况是，农业税增加了农户的负担，降低了农户参与农田灌溉系统管护治理的积极性，使得农户不愿意配合村干部的号召参与农田灌溉系统的治理，这无疑会对干群关系形成一定的不良影响，更有甚者，会阻碍村庄治理和发展的可持续。因此，2001 年国家取消了部分地区的农业税，并且2006 年在全国范围取消了农业税，大大降低了农民的经济负担，中国也因此由农业支持工业转型进入工业反哺农业时期（蔡起华，2017）。

税费改革减小了农户的负担，激发了农户参与农业生产经营的积极性，但税费改革使得农田灌溉系统的治理资金出现了断裂，为了不影响农田灌溉系统治理的可持续性，国家积极推行了一事一议制度，以解决农田灌溉系统治理主体缺位的问题。该制度既加强了干群关系，又激发了农户参与农田灌溉系统治理的热情，理论上有利于农田灌溉系统的有效治理。但实际上，一事一议制度是农户自愿参加的，有的村庄制度实施不到位，加之农田灌溉系统治理过程中的搭便车问题降低了农户参与农田灌溉系统治理的积极性，最后导致一事一议制度的执行情况并不理想。因此，在这个阶段，农田灌溉系统的治理水平也呈现相应的下降态势（王朝明、杜辉，2011），导致农田灌溉系统无法充分发挥作用，严重制约了农户的农业生产经营。

（四）市场化改革时期的产权多元化治理

中央一号文件在连续 7 年聚焦"三农"问题后，在 2011 年第一次重点关注水利问题，正式拉开了水利市场化改革的序幕。在这个时期，农田灌溉系统的治理不再由单一的主体负责，在行政主体逐渐退出农田灌溉系统治理领域的同时，社会和市场主体逐渐进入农田灌溉系统的治理领域，开启了农田灌溉系统的产权多元化治理阶段。其中，农田灌溉系统治理的多元经营主体既可以是社会组织，还可以是市场组织，也可以是两者的结合，灌区的农田灌溉系统治理也很快地向市场化及社会化方向转变。在这一时期，通过承包、租赁和拍卖经营权对农田灌溉系统进行治理的方式被鼓励，同时农民用水户协会等用水合作组织也被鼓励参与农田灌溉系统治理，不但降低了行政部门在农田灌溉系统治理当中的参与程度，而且有效地提升了农田灌溉系统治理水平。

市场化改革将农田灌溉系统私人化，由私人对农田灌溉系统的治理自负盈亏，这一方面解决了税费改革后农田灌溉系统管护治理资金不足的问题，另一方面也充分避免了搭便车问题的存在而导致的集体行动中的合作困境，从而有利于农田灌溉系统的治理。但市场化改革决定了人们倾向于投资收益较高的农田灌溉系统，而收益较低的农田灌溉系统则容易被忽略，这容易造成不同地方农田灌溉系统质量迥异的局面，增加了农田灌溉系统使用过程中的不公平，不利于农田灌溉系统发展的可持续性和农业生产经营的稳定性。

从农田灌溉系统治理的发展历程可以看出，随着时间的推移，农户在农田灌溉系统治理过程中的参与程度逐渐加深。由于农户是农业生产经营的主体，也是农田灌溉系统的直接使用者，但在长期的政府包揽农田灌溉系统治理职责的过程中，农户逐渐养成了一种依赖心理，在这种情况下，若对农户进行有效的激励，相比于其他经营主体，农户对灌溉的依赖使其有更强的动力对农田灌溉系统进行有效的治理。同时，处在同一村域的农户彼此之间沟通较为频繁，有利于降低农田灌溉系统治理过程中的信息不完全程度，从而实现农田灌溉系统治理过程和灌溉过程中的有效监督，减少集体行动中的搭便车行为，实现农田灌溉系统治理绩效的提升。

二　数据来源和样本描述

（一）数据来源

本书所使用的数据来源于课题组 2016 年 9～11 月在内蒙古和宁夏进行的实地调研，其中内蒙古的样本县为乌拉特前旗和五原县，宁夏的样本县为平罗县和贺兰县。内蒙古和宁夏位于黄河灌区中上游，气象干旱时有发生，农业生产对灌溉的依赖性较强，所选调研区域具有代表性。为了保证问卷设计的合理和调查的质量，在正式调研之前进行了预调研，并在此基础上对调查程序和问卷内容进行了修改完善，实地调研时结合问卷调查和农户访谈来收集数据。综合分层抽样以及随机抽样，两个自治区 40 个行政村共 800 户农户被抽取，剔除缺失数据和有异常值等问卷，最终获取有效问卷 772 份，有效回收率为 96.50%。

本书的调研问卷包括村庄层面和农户层面，其中，村庄层面的调查问卷内容包括村庄基本情况、村庄的农田灌溉系统治理状况，以及农户参与农田灌溉系统治理的整体状况三个方面；农户层面的调查问卷包括农户的基本情况、农户的农业生产情况、农户参与农田灌溉系统治理的状况，以及社会信任和组织支持情况共五个方面。

（二）样本描述

村庄基本特征。样本村庄多在产粮地区，均为农庄型村庄，这是由于农庄型村庄进行农业生产的农户较多，农户对灌溉较强的依赖促使其能更积极地参与农田灌溉系统的治理。样本村庄中，7 个村庄有小型农田水利设施重点建设项目，说明国家对农田灌溉系统项目的投资较大和重视程度较高。8 个村庄为农业示范基地，农业示范基地在农田灌溉系统治理方面可以起到相应的带头作用。5 个村庄为贫困村，占到样本村庄的 12.50%，贫困会抑制农户在农田灌溉系统治理过程中的投入，不利于农田灌溉系统治理绩效的提升。样本村庄平均人口规模约为 2094 人，说明样本村庄人口较多，可以为农田灌溉系统治理提供充足的人力资本，但较大的人口规模也容易降低管理效率。样本村庄平均耕地面积约为 1006.5 公顷，人均耕地面积约为 0.48 公顷，尤其是在内蒙古，其样本村庄平均耕地面积达到 1477.3 公顷，人均耕地面积达到 0.61 公顷，较大的人均耕地面积有利于农户家庭实现机械化生产。村庄距离最近集市平均为 8.7 公里，其中与最近集市距离最远的是 20 公里，这说明样本村庄距离集市较近，有利于农户销售农产品，对促进农户农业种植有较高水平的激励作用。样本村庄灌溉水源主要为黄河，灌溉方式主要为渠灌，渠道平均长度约为 39 公里，其中土渠的比例为 52.25%，硬化后的水泥渠道的比例为 47.75%。虽然村庄的干渠和支渠普遍为水泥渠道，在灌溉过程中水的渗透较少，但大多数田间地头的毛渠仍为土渠，增加了灌溉用水的渗漏，尤其是在干旱季节和灌溉高峰期，降低了灌溉用水的利用效率。

农户基本特征。以男性为主，男性占 63.34%，女性占 36.66%。以 45～55（含）岁和 55～65（含）岁年龄段的农户为主，其分别占 38.34% 和 31.73%，说明农村劳动力年龄普遍偏大，他们虽然拥有丰富的农业生产经验，但较大的年龄限制着农户在农业生产中进行体力劳动。以小学及以下和初中受教育程度为主，二者合计为 93.52%，这说明农村劳动力的受教育程度普遍不高。受访农户家里有村干部的共 148 户，占到样本农户的 19.17%，相对而言，家中有人担任村干部的农户社会资本比较丰富，有利于其进行农业生产，同时，家中有村干部的农户社会地位较高，可以在农田灌溉系统治理中起到示范带头作用，这也有利于激发农户积极参与农田灌溉系统治理。家庭规模以 2～4（含）人的中等规模为主，占

41.45%，而 8 人以上家庭规模的农户仅占 0.91%，这说明样本农户大多为中等家庭规模，很多农村家庭孩子结婚后选择单过，这在一定程度上限制了家庭规模的扩张。家庭耕地面积以 1 公顷及以下和 1~2（含）公顷为主，二者合计占 58.68%。家庭农业收入处于 20000 元及以下、20000~40000（含）元、80000 元以上的农户居多，分别占 20.85%、20.85% 和 21.89%，较高的农业收入往往是与较大的农业经营面积相关联的，尤其是选择大棚蔬菜种植等经济效益较高的农业生产模式时，单位耕地面积获取的报酬相对较高。样本村庄和样本农户基本情况如表 3-1 所示。

表 3-1　样本村庄和样本农户基本情况的描述性统计

单位：%

村庄特征	比例	农户特征	比例
小型农田水利设施重点建设项目		性别	
有	17.50	男	63.34
无	82.50	女	36.66
农业示范基地		年龄	
是	20.00	35 岁及以下	3.89
否	80.00	35~45（含）岁	15.16
贫困村		45~55（含）岁	38.34
是	12.50	55~65（含）岁	31.73
否	87.50	65 岁以上	10.88
村庄人口规模		受教育程度	
1000 人及以下	7.50	小学及以下	53.89
1000~1500（含）人	20.00	初中	39.63
1500~2000（含）人	25.00	高中或中专	5.96
2000~2500（含）人	27.50	大专	0.26
2500 人以上	20.00	本科及以上	0.26
村庄耕地面积		家里是否有村干部	
500 公顷及以下	22.50	是	19.17
500~1000（含）公顷	42.50	否	80.83

续表

村庄特征	比例	农户特征	比例
1000~1500（含）公顷	22.50	家庭规模	
1500~2000（含）公顷	5.00	2人及以下	30.05
2000公顷以上	7.50	2~4（含）人	41.45
村庄与最近集市的距离		4~6（含）人	25.52
3公里及以下	17.50	6~8（含）人	2.07
3~6（含）公里	25.00	8人以上	0.91
6~9（含）公里	12.50	家庭耕地面积	
9~12（含）公里	20.00	1公顷及以下	28.76
12公里以上	25.00	1~2（含）公顷	29.92
村庄渠道总长度		2~3（含）公顷	15.54
15公里及以下	17.50	3~4（含）公顷	11.92
15~30（含）公里	27.50	4公顷以上	13.86
30~45（含）公里	22.50	家庭农业收入	
45~60（含）公里	15.00	20000元及以下	20.85
60公里以上	17.50	20000~40000（含）元	20.85
村庄渠道类型		40000~60000（含）元	17.75
土渠	52.25	60000~80000（含）元	18.66
硬化渠道	47.75	80000元以上	21.89

三 农户参与农田灌溉系统治理行为及绩效现状分析

基于本书第二章对农户参与农田灌溉系统治理的概念定义，本章利用实地调研数据，对农户参与农田灌溉系统治理行为及治理绩效现状进行剖析。其中，农户参与农田灌溉系统治理行为主要包括农户的投资行为、监督行为、管理行为和维护行为，农户参与农田灌溉系统治理绩效主要是指农田灌溉系统的设施维护程度、灌溉供水状况以及农业产出水平。

（一）农户参与农田灌溉系统治理的行为现状

1. 农户参与农田灌溉系统治理的投资行为现状

农户参与农田灌溉系统治理主要是指农户通过自我服务的方式参与治理，以此来满足自身对农田灌溉系统的需求，其中，农户参与投资是农田灌溉系统治理的关键。借鉴崔宝玉（2009）、杨柳和朱玉春（2016）、杨柳等（2018b）的研究，本书农户在农田灌溉系统治理过程中的投资行为的数据来自受访者对调查问题"您家中有人参与农田灌溉系统治理过程中的投资吗？"的回答。当农户家中有人参与投资时赋值为"1"，否则为"0"。

由表3-2可知，有77.5%的农户在农田灌溉系统治理过程中有投资行为。可能的原因是，样本地区农户的平均耕地经营规模较大，灌溉渠道也相应较长，除了最末一级直接通往田间地头的毛渠外，较宽的灌溉渠道需要通过机械进行清理和维护，而机械的使用成本相对较高，超越了单个农户的承受范围，因此，农户会选择通过集体行动的方式来减少自身的治理成本，这也就导致了农户在农田灌溉系统治理过程中较高的投资参与比例。

与宁夏相比，内蒙古农户参与农田灌溉系统投资的比例较高，均值为80.2%，略高于宁夏的74.8%。可能的原因是，内蒙古的户均耕地面积比宁夏的大，相应的灌溉渠道也比宁夏宽很多，尤其是最末一级的毛渠，差别尤其显著。而农户参与农田灌溉系统治理主要是参与小型农田灌溉设施的治理，渠道的差异也导致了内蒙古和宁夏农户参与治理行为的不同。在内蒙古，灌溉渠道的治理主要依靠机械，且机械的费用主要由使用渠道的农户共同承担，这也就使得内蒙古农户参与投资的比例较高。而在宁夏，由于其毛渠普遍较窄，主要依靠人工进行清理和维护，只是较宽的上一级渠道对机械的依赖性较强，因此，参与投资的农户比例低于内蒙古。

表 3 - 2　农户在农田灌溉系统治理中的投资行为现状

投资行为	均值	标准差	最小值	最大值
总体	0.775	0.418	0	1
内蒙古	0.802	0.399	0	1
宁夏	0.748	0.435	0	1

2. 农户参与农田灌溉系统治理的监督行为现状

在农田灌溉系统治理中，监督的存在能有效地降低搭便车等机会主义行为的发生概率，农户的监督行为亦是如此。借鉴崔宝玉（2009）、杨柳和朱玉春（2016）、杨柳等（2018b）的研究，本书农户在农田灌溉系统治理过程中的监督行为的数据来自受访者对调查问题"您家中有人参与农田灌溉系统治理过程中的监督吗？"的回答。当农户家中有人参与监督时赋值为"1"，否则为"0"。

由表 3 - 3 可知，有 73.8% 的农户参与了农田灌溉系统治理过程中的监督工作。可能的原因是，农户在参与农田灌溉系统治理过程中，通过对他人行为的监督可以减少搭便车等机会主义行为来保障集体行动的成功，从而保障自己的灌溉权益。农户长期在同一地域内生活，彼此之间熟识，对彼此的监督也更容易达成。究其原因，一方面农户会因为对其他农户的了解而有针对性地采取监督行为；另一方面农户会因为彼此之间的熟识，为了降低声誉的损失而减少搭便车行为，以此更好地实现监督。

与宁夏相比，内蒙古农户在农田灌溉系统治理中采取监督行为的比例是 73.0%，略低于宁夏的 74.7%。可能的原因是，内蒙古较宽的灌溉渠道导致了灌溉系统的治理对机械的依赖性较强，而机械的操作是针对整条灌溉渠道，并不会因单个农户行为的差异而出现渠道治理状况的不同，因此，部分农户未充分了解他人的缴费状况，也并未参与到农田灌溉系统治理的监督过程中。而在宁夏，农田灌溉系统治理主要依赖人力，农户在特定的时间集合到一起共同治理农田灌溉系统，在参与过程中，农户之间较为紧密的沟通交流使其更容易参与到农田灌溉系统治理的监督过程中，从而导致较高的农户参与监督比例。

表 3 - 3　农户在农田灌溉系统治理中的监督行为现状

监督行为	均值	标准差	最小值	最大值
总体	0.738	0.440	0	1
内蒙古	0.730	0.444	0	1
宁夏	0.747	0.435	0	1

3. 农户参与农田灌溉系统治理的管理行为现状

在农田灌溉系统治理过程中，管理的存在能有效地对农户之间的行为进行协调和分配，有利于农田灌溉系统治理绩效的提升。借鉴崔宝玉（2009）、杨柳和朱玉春（2016）、杨柳等（2018b）的研究，本书农户在农田灌溉系统治理过程中的管理行为的数据来自受访者对调查问题"您家中有人参与农田灌溉系统治理过程中的管理吗？"的回答。当农户家中有人参与管理时赋值为"1"，否则为"0"。

由表 3 - 4 可知，有 75.4% 的农户参与了农田灌溉系统治理过程中的管理工作。可能的原因是，农户在参与农田灌溉系统治理过程中，虽然主要的管理者是村干部，但具体的管理方式由村干部和农户共同商议决定，很多农户也因此参与到了管理工作中。同时，村干部无法充分对每个灌溉设施治理中的每个治理环节进行有效管理，这就需要农户发挥主观能动性，与其他农户积极沟通协调，从而主动参与到管理工作当中，尤其是能力比较强的一部分农户，在实际治理过程中能够发挥自身的管理才能，有效地协助村干部完成农田灌溉系统治理中的管理工作。

与宁夏相比，内蒙古农户在农田灌溉系统治理过程中采取管理行为的比例是 72.2%，低于宁夏的 78.6%。可能的原因是，宁夏农民用水户协会整体状况较好，较多农户可以参与到农民用水户协会管理工作当中，其中包括参与农田灌溉系统治理方式的决策。同时，宁夏的农田灌溉系统主要是农户通过投劳的方式参与治理，农户能够在实际的设施维护和渠道清理等治理过程中发挥沟通协调的作用，更多地参与到管理工作中。而在内蒙古，农户主要通过投资的方式进行农田灌溉系统的治理，农户主要是参与到治理方式的决策当中，而具体的渠道挖掘和清理工作主要是由租赁或购买的机械完成，因此内蒙古农户在管理工作参与中的比例低于宁夏。

表 3 - 4　农户在农田灌溉系统治理中的管理行为现状

管理行为	均值	标准差	最小值	最大值
总体	0.754	0.431	0	1
内蒙古	0.722	0.448	0	1
宁夏	0.786	0.411	0	1

4. 农户参与农田灌溉系统治理的维护行为现状

农户参与农田灌溉系统治理的主要工作是对已有的灌溉设施进行维护，以保障灌溉设施能够充分发挥作用。借鉴崔宝玉（2009）、杨柳和朱玉春（2016）、杨柳等（2018b）的研究，本书农户在农田灌溉系统治理过程中的维护行为的数据来自受访者对调查问题"您家中有人参与农田灌溉系统的维护吗?"的回答。当农户家中有人参与维护时赋值为"1"，否则为"0"。

由表 3 - 5 可知，有 83.3% 的农户参与了农田灌溉系统治理过程中的维护工作。可能的原因是，农田灌溉系统在建成投入使用后，每年都需要进行不同程度的维护，其中包括设施维修、渠道清淤、渠道修缮等工作，尤其是在每年灌溉季节到来之前，维护工作必不可少。为保障灌溉的顺利进行，同一条渠道上的农户会通过集体行动的方式参与渠道的清理和修缮等工作，从而提高了维护工作的参与比例，并最终提高农田灌溉系统的治理绩效。

与宁夏相比，内蒙古农户在农田灌溉系统治理过程中采取维护行为的比例是 81.0%，略低于宁夏的 85.6%，但都维持在较高的参与水平。可能的原因是，宁夏的农户普遍是通过投劳的方式参与到农田灌溉系统的维护中，较多的农户参与了灌溉设施的清理和修缮等工作。而在内蒙古，较多的农户通过投资的方式参与到农田灌溉系统的维护中。

表 3 - 5　农户在农田灌溉系统治理中的维护行为现状

维护行为	均值	标准差	最小值	最大值
总体	0.833	0.373	0	1
内蒙古	0.810	0.393	0	1
宁夏	0.856	0.351	0	1

（二）农户参与农田灌溉系统治理的绩效现状

1. 农户参与农田灌溉系统治理的直接绩效现状

农户参与农田灌溉系统治理绩效首先强调的是灌溉设施的供给绩效，完好的灌溉设施能减少水传递过程中的损耗，从而为农户农业生产经营提供有力的保障。借鉴 Lam（1994）的做法，本书将农户参与农田灌溉系统治理的直接绩效用设施维护程度来表征，数据来自受访农户对调查问题"您所在村组的小型农田水利设施维护状况如何？"的回答。当农户回答"损毁很严重""损毁比较严重""一般""比较完好""很完好"时，依次赋值为 1~5 的整数。

由表 3 - 6 可知，农田灌溉系统的设施维护程度均值为 3.790，且认为农田灌溉系统设施"比较完好"和"很完好"的农户占 74.99%，说明调研区域灌溉设施维护状况较好。可能的原因是，内蒙古和宁夏对农田灌溉系统较为重视，政府投入了大量的资金对农田灌溉系统进行完善，并在后续的管理和维护中也投入了较多资金和精力，同时，制定了相应的政策对农田灌溉系统的治理给予充分的指导，这些都有益于提升设施维护程度。

与宁夏相比，内蒙古的农田水利设施维护程度均值为 3.804，略高于宁夏的 3.776。可能的原因是，内蒙古的人均耕地面积较大且耕地较为集中，通往田间地头的渠道比宁夏的宽很多，而渠灌是内蒙古和宁夏的主要灌溉方式，当地农户对渠道的治理也非常重视。内蒙古宽阔的灌渠提高了人工治理的难度，当地农户主要是使用挖掘机对灌渠进行清理和维护，租赁或购买挖掘机的成本由使用该渠道的农户共同承担，可以减小单个农户家庭的经济压力。而在宁夏，由于通往田间地头的灌渠较窄，主要是用人工的方式进行清理和维护。而无论是内蒙古还是宁夏，田间地头的灌渠多为土渠，这种情况下，机器的清理和维护效果相对而言要更便捷且效果更好，既可以拓宽相应渠道，又可以较容易清理和维护渠道，可能正是这些原因导致内蒙古的设施维护程度较高。

表 3-6　设施维护程度的描述性统计

设施维护程度	均值	标准差	最小值	最大值
总体	3.790	0.954	1	5
内蒙古	3.804	0.906	1	5
宁夏	3.776	0.999	1	5

2. 农户参与农田灌溉系统治理的间接绩效现状

农田灌溉系统治理绩效的评价不仅强调灌溉用水的供给绩效，还强调灌溉用水分配的秩序绩效。借鉴 Lam（1994）的做法，本书将农户参与农田灌溉系统治理的间接绩效划分为灌溉用水的供给充足程度、可靠程度和分配公平程度，共 3 个观测变量。当农户回答灌溉用水供给"很不充足""比较不充足""一般""比较充足""很充足",灌溉用水供给"很不可靠""比较不可靠""一般""比较可靠""很可靠",以及灌溉用水分配"很不公平""比较不公平""一般""比较公平""很公平"时,依次赋值为 1~5 的整数。

由表 3-7 可知,在农户参与农田灌溉系统治理间接绩效变量中,灌溉用水的供给充足程度最高,均值为 3.631。可能的原因是,内蒙古和宁夏的灌溉用水均来自黄河,在灌溉季节水资源较为丰富,且灌溉用水是根据每个村庄的土地面积进行分配,保障了每个农户都能享受到较为丰富的灌溉用水。同时,灌溉用水的分配公平程度也较高,均值为 3.499,可能的原因是,调研区域多采用的是漫灌的方式,前一个农户彻底浇灌结束,后一个农户才能开始用水,且由于水资源较为丰富,即使是最后灌溉的农户也能享受到较为充足的灌溉用水,这也能够增强农户对灌溉用水分配的公平感。另外,灌溉用水的供给可靠程度是最低的,均值为 3.376,可能的原因是,农户种植的作物基本相同,用水时间也较为一致,在灌溉季节较大的需水量导致了水在流经每个村庄时都有分流,水流的减弱延长了农户的等待时间,加之很多地区实行的是村庄灌溉水费全部上缴后才供水,而村庄部分农户拖欠水费也将导致灌溉用水供给的不及时,这些都会延长农户等待灌溉用水的时间,减弱农户在灌溉用水供给可靠性方面的认可。

表 3-7 灌溉供水状况的描述性统计

变量类别	测量题项	均值	标准差	最小值	最大值
灌溉供水状况	灌溉用水的供给充足程度 *adequacy*	3.631	0.889	1	5
	灌溉用水的供给可靠程度 *reliability*	3.376	0.943	1	5
	灌溉用水的分配公平程度 *fairness*	3.499	1.031	1	5

由表 3-8 可知,在灌溉供水状况各指标的赋值分布中,认为灌溉用水供给"比较充足"和"很充足"的农户占到 66.84%,说

明内蒙古和宁夏的灌溉供水整体处于比较充足的水平。在灌溉供水可靠性方面，认为灌溉用水供给"比较可靠"和"很可靠"的农户只占 54.27%，但认为灌溉用水供给"很可靠"的农户仅占 7.12%，灌溉用水供给是否及时对农作物生产影响较大，很多地方经常出现在农作物急需灌溉时节未及时供水，从而造成农作物产量下降的情况，这说明内蒙古和宁夏的供水及时性仍有待提高。在灌溉用水分配公平性方面，认为灌溉用水分配"比较公平"和"很公平"的农户占到 59.84%，表明调研区域灌溉用水分配整体公平程度较高。

表 3-8　灌溉供水状况各指标的赋值分布

单位：%

测量题项	1	2	3	4	5
灌溉用水的供给充足程度 adequacy	1.04	13.21	18.91	55.31	11.53
灌溉用水的供给可靠程度 reliability	1.68	20.47	23.58	47.15	7.12
灌溉用水的分配公平程度 fairness	1.30	22.02	16.84	45.20	14.64

3. 农户参与农田灌溉系统治理的最终绩效现状

农田灌溉系统治理绩效最终体现的是农业产出水平的提升，借鉴 Lam（1994）的做法，本书将农户参与农田灌溉系统治理的最终绩效用农业产出水平进行表征。内蒙古和宁夏主要经营粮食作物和经济作物，因此，将农业产出水平进一步细分为粮食作物的单位面积产量和经济作物的单位面积产量。其中，粮食作物包括小麦、水稻、玉米、大豆以及其他谷物，单产以每公顷粮食作物的产量（单位：千克/公顷）来代表。经济作物包括油料作物（如花生、油菜、向日葵）、糖料作物（如甘蔗、甜菜）、纤维作物（如棉、麻）、三料作物（饮料、香料、调料）、水果、蔬菜和其他经济作物等，单产以每公顷经济作物的产量（单位：千克/公顷）来代表。

由表 3 - 9 可知，总体的粮食作物单产均值为 7856.341 千克/公顷，单产较高，可能的原因是，调研区域均采用渠灌方式从黄河引水灌溉，而充足的灌溉是粮食作物高产的关键。与宁夏相比，内蒙古种植粮食作物的农户较少，这是因为内蒙古缺水比较严重，粮食作物通常在种植过程中所需灌溉次数较多，农户所需支付的灌溉费用较高，尤其是近几年实行的阶梯制的灌溉用水收费标准，即随着灌溉用水所需量的增加，单位灌溉用水价格随之升高，这无疑加重了内蒙古农户种植粮食作物的负担。尽管如此，在粮食作物单产方面，内蒙古与宁夏相差不大，这可能是因为，单位面积内粮食作物的产量是有一定范围的，无论是内蒙古还是宁夏，农户在长期种植粮食作物的过程中已经积累了丰富的种植经验，通常能获得较高的粮食单产。

总体的经济作物单产均值是 13558.320 千克/公顷，比粮食作物单产要高很多，这可能是由于宁夏有较多农户种植西红柿，而西红柿每公顷的产量可达 15 万千克，从而提升了经济作物的单产。与宁夏相比，内蒙古的经济作物单产仅为 4844.386 千克/公顷，远低于宁夏的 58793.860 千克/公顷。可能的原因是，内蒙古由于缺水比较严重造成水费价格较高，农户从种植粮食作物纷纷改种经济作物。内蒙古农户种植的经济作物普遍为灌溉次数较少的向日葵，但是单位面积产量较低，平均每公顷产量为 3842.067 千克。虽然内蒙古仍然有部分农户种植产量较高的其他经济作物，但种植向日葵的农户占大多数，导致内蒙古的经济作物单产均值较低。而在宁夏，由于大棚技术的推广，很多农户选择种植西红柿，西红柿的单产很高，可达到每公顷 15 万千克，虽然也有部分农户种植了其他产量较低的经济作物，但种植西红柿的农户较多，使得宁夏虽然种植经济作物的农户数量不及内蒙古，但是其经济作物的单产比内蒙古高很多。

表 3 - 9   农业产出水平的描述性统计

粮食作物单产	样本数量	均值	标准差	最小值	最大值
总体	619	7856.341	1591.500	2066.667	10000
内蒙古	227	7851.216	1731.006	2125	10000
宁夏	392	7859.309	1507.121	2066.667	10000
经济作物单产	样本数量	均值	标准差	最小值	最大值
总体	421	13558.320	34163.340	1350	150000
内蒙古	353	4844.386	12573.290	1350	140000
宁夏	68	58793.860	63316.310	1500	150000

四　农户参与农田灌溉系统治理的现实问题

（一）农户在农田灌溉系统治理中的需求表达程度较低

在农田灌溉系统治理中，44.36%的农户对农田灌溉系统治理的意见能得到充分表达，而只有29.45%的农户得到了有效回应，无法得到有效回应将降低农户表达自身需求的积极性，导致的直接结果是，仅有12.91%的农户会主动向村组织提出自己关于公共事务治理的意见。这无疑会形成恶性循环，农户不愿表达自身对农田灌溉系统治理的意见，村组织便无法针对农户的需求做出治理的改进，而长期的需求得不到满足将引起农户的不满，进一步降低农户参与农田灌溉系统治理的积极性，不利于农田灌溉系统治理绩效的提升。

农户不愿向村组织表达自己的需求，要解决这一问题，就要构建有效的需求表达机制。村组织应该为农户创造自由包容的氛围，鼓励农户积极表达出自身对农田灌溉系统治理的需求，并积极采纳农户建设性的意见，提升农户在农田灌溉系统治理过程中的参与感。同时，村组织应该主动关心农户在农田灌溉系统治理方面的需求，并尽力满足农户的合理需求，这既有助于使农户得到满足，又能够让农户感觉被重视，增强农户对村组织的认可，从而愿意配合村组织积极参与农田灌溉系统治理。

（二）农户在农田灌溉系统治理中的投入水平较低

在参与农田灌溉系统治理方面，90.48%的农户认为参与农田灌溉系统治理是其义务，且有83.58%的农户倾向于参与治理，意愿程度较高。在参与治理方式方面，农户在农田灌溉系统治理过程中，平均投劳天数为5.60天，平均投资金额为282.96元。依据当地农户的平均收入水平，将农户的投劳天数折合成人民币，则农户参与农田灌溉系统治理的投入均值为539.94元，占到调研区域农户农业收入的比例为0.87%。由此可见，当前农户在参与农田灌溉系统治理的过程中投入水平是比较低的，这与当下农村地区农户激励机制缺位有关系。

经调查，从整体来看，农户参与农田灌溉系统治理的原因主要包括以下三个方面：一是有利于自家农作物增产（91.48%）；二是"由于其他村民参与管护，所以我也跟着参与"（21.11%）；三是村干部鼓励大家参与（5.93%）。而对于没有参与治理的农户，其原因主要涵盖了以下四点：一是参与农田灌溉系统治理所需费用较高（47.27%）；二是"有村民搭便车不参与管护，我也跟着不参与"（27.27%）；三是认为现有农田灌溉系统能够满足农业生产经营的需求（20.91%）；四是认为参与管护治理对农田灌溉系统的有效供给不重要（14.55%）。

由此可见，对自己的农业生产经营有利是农户参与农田灌溉系统治理的重要原因，说明农户在参与农田灌溉系统治理过程中主要是从理性人的角度出发，当所需费用较高或者有其他村民搭便车时，农户极有可能会选择不参与农田灌溉系统治理。尤其在政府将农田灌溉系统管护治理权转移给农户后，由于存在家庭联产承包责任制，农户农业生产经营的私人属性与农田灌溉系统治理的公共产品属性相冲突，农户在农田灌溉系统治理中倾向于选择能使自身利益最大化的搭便车行为，这容易导致集体行动的合作困境。在这种情况下，如何激励农户长久持续地参与到农田灌溉系统治理中，则需要有完善的激励约束机制，不但要通过各种措施调动农户参与农田灌溉系统的积极性，还要建立必要的机制来约束农户的行为，提高农户在农田灌溉系统治理中的参与水平，从而提升农田灌溉系统的治理绩效。

（三）农田灌溉系统供水的及时性较差

及时的灌溉供水是农作物生产经营的重要保障，而在实际调研中发现，农户从认为农作物需要灌溉到真正实现灌溉的等待时间平均为 11.20 天，认为灌溉用水供给"很可靠"的农户仅占7.12%。虽然多数农户认为灌溉供水整体较为充足，但是较长的灌溉等待时间仍然让很多农户不满。这是因为，农作物在生长的关键阶段无法及时地获得灌溉用水，将会耽误其正常生产，最终造成减产。

灌溉供水的不及时，一方面是因为农户未及时上交水费，尤其是在内蒙古，调研发现，不同村庄之间的水费标准差别较大，部分农户认为水费太高，不愿意配合缴纳水费，这也影响到最后村庄向上级缴纳水费的及时性，并最终影响灌溉用水的及时划拨，造成灌溉用水供给不及时；另一方面是因为灌溉用水在传输过程中流经距离较长，即使上级部门及时供水，但农户真正实现有效灌溉仍然要等待较长的时间，这也会延误农作物的及时灌溉。为了提升灌溉供水的可靠性，缩短农户的灌溉等待时间，一方面应当制定完善的水费缴纳激励约束机制，对不及时缴纳水费而延误他人进行灌溉的行为进行相应惩罚，而对及时缴纳水费的农户给予相应鼓励和支持，从而提升其缴纳水费的及时性；另一方面应当有效协调整个农田灌溉系统的用水情况，制定完善的供水方案，保障处于农田灌溉系统不同位置的农作物都能获得及时的灌溉用水。

五　本章小结

本章在对农田灌溉系统治理发展历程分析的基础上，对本书所使用的数据来源和样本特征进行了阐释，进而对农户参与农田灌溉系统治理行为及治理绩效现状进行了分析，并在最后对农户参与农田灌溉系统治理中的现实问题进行了剖析。主要结论如下。

（1）农田灌溉系统的治理在中国经历了多个阶段，分别为集体经营体制时期的集体化治理，家庭联产承包责任制时期的产权放开治理，农村税费改革后的乡村合作治理，以及市场化改革时期的产权多元化治理。随着农田灌溉系统治理阶段的发展，农户在农田灌溉系统治理过程中的参与程度逐渐加深。

（2）农户参与农田灌溉系统治理直接绩效由设施维护程度表征，其均值为3.790，且认为农田灌溉系统设施"比较完好"和"很完好"的农户占74.99%。与宁夏相比，内蒙古的农田水利设施维护程度均值为3.804，略高于宁夏的3.776。在农户参与农田灌溉系统治理间接绩效变量中，灌溉用水供给的充足程度最高，均值为3.631；其次为灌溉用水的分配公平程度，均值为3.499；最后为灌溉用水的供给可靠程度，均值为3.376。农户参与农田灌溉系统治理最终绩效用农业产出水平进行表征，其中，总体的粮食作物单产均值为7856.341千克/公顷，单产较高。与宁夏相比，内蒙古种植粮食作物的农户较少，但粮食作物单产与宁夏的相差不大。同时，总体的经济作物的单产均值为13558.320千克/公顷，比粮食作物单产要高很多。内蒙古的经济作物单产仅为4844.386千克/公顷，远低于宁夏的58793.860千克/公顷。

（3）农户参与农田灌溉系统治理中存在的问题主要为，农户在农田灌溉系统治理中的需求表达程度较低，只有 44.36% 的农户对农田灌溉系统治理的意见能得到充分表达，且仅有 29.45% 的农户得到了有效回应。同时，农户在农田灌溉系统治理中的投入水平较低，农户参与农田灌溉系统治理的投入仅占农户农业收入的 0.87%。农田灌溉系统供水的及时性较差，不利于农户的农业生产经营。

第四章

社会信任、组织支持的测度及分析

本章首先构建了社会信任和组织支持的指标体系，进而采用因子分析法，利用实地调研数据，对社会信任和组织支持进行了测度，并在此基础上分析了社会信任和组织支持的主要特征，为接下来实证分析社会信任和组织支持在农户参与农田灌溉系统治理中的作用提供了支持。

一 社会信任、组织支持的指标体系

目前，学术界对于社会信任的测度缺乏统一的标准，这就使得研究者对社会信任测度的结果具有较大的差异。但是，就整体而言，研究者大都是按照社会信任特有的表现形式，或运用其界定好的概念内涵，与其特殊的研究对象，来对社会信任的指标进行筛选（赵雪雁，2012）。结合本书的研究设计和数据可得性，在对有关研究（张维迎、柯荣住，2002；陈叶烽等，2010；高虹、陆铭，2010；何可等，2015；蔡起华，2017；杨柳等，2018a）进行借鉴的基础上，构建社会信任的指标体系，对社会信任进行测度及分析。

在组织支持方面，目前使用较多的是 Eisenberger 等（1986）提出的组织支持量表，由于量表设计指标较多，学者们通常会根据自己的研究需要对量表进行简化和修改。另一个应用较为广泛的是凌文辁等（2006）设计的量表，他们在 Eisenberger 等（1986）研究的基础上，根据中国企业员工的情况，对组织支持进行了分析，将其划分为工作支持、员工价值认同以及关心利益。在组织支持量表设计方面，学者们通常会结合 Eisenberger 等（1986）和凌文辁等（2006）的研究，来设计自己所需要的指标体系，例如杨阳等（2015）将组织支持划分为情感支持和工具支持两个维度，分析了组织支持对农户参与小农水建管护合作意愿的影响。因此，本书在借鉴相关研究（Eisenberger et al.，1986；凌文辁等，2006；杨阳等，2015）的基础上，构建组织支持的指标体系，并对组织支持进行测度及分析。

（一）数据说明

本书所使用的数据来源于课题组 2016 年 9～11 月在内蒙古和宁夏进行的实地调研，其中内蒙古的样本县为乌拉特前旗和五原县，宁夏的样本县为平罗县和贺兰县。结合分层抽样和随机抽样，两个自治区 40 个行政村共 800 户农户被抽取，剔除缺失数据和有异常值等问卷，最终获取有效问卷 772 份，有效回收率为 96.50%。所使用样本农户的具体情况如第三章所述。

（二）指标体系构建原则

全面科学的指标体系是研究社会信任、组织支持对农户参与农田灌溉系统治理绩效影响的关键，因此，在构建指标体系时需要满足如下几条原则。

（1）全面性原则。由于社会信任、组织支持以及农户参与农田灌溉系统治理绩效涉及社会和经济等多个方面，在构建指标体系时应当对指标进行全面考量，保证指标体系设计的完整性。

（2）可行性原则。在构建指标体系时，需要尽量选取简单且容易获取数据的指标。这是因为，如果数据很难获取，将无法保障研究的进一步进行，也无法得出切合实际的结论，因此设计指标时需要对指标数据的可行性和易获取性进行重点考量。

（3）独立性原则。在构建指标体系时，要保证设计的各个指标之间是彼此独立的，防止指标之间的重合和交叉，以此来减少指标信息的冗余，以及避免由此导致的分析结果偏差。

（4）定性与定量相结合的原则。由于社会信任、组织支持以及农户参与农田灌溉系统治理绩效涉及社会和经济问题，除了使用定性分析方法之外，还要结合定量分析方法，以此来保证研究的科学和全面。

（三）社会信任、组织支持指标体系构建

依据农户在参与农田灌溉系统管护治理过程中的实际情况，结合相关研究，并在第二章对社会信任和组织支持概念进行界定的基础上，本书构建了社会信任和组织支持的指标体系。其中，社会信任决定着农户愿意在多大程度上依赖他人建议而参与管护治理（蔡起华、朱玉春，2015a），鉴于社会信任与差序格局的人际关系结构有关联，中国人社会信任群体中既有关系比较亲近的亲人，也有与自己有拟亲属关系的外人，与自己愈亲近，关系愈亲密，信任程度愈高（牛喜霞、汤晓峰，2013）。借鉴蔡起华和朱玉春（2015a）、何可等（2015）和杨柳等（2018a）的研究，本书将社会信任分为人际信任和制度信任，其中，人际信任选取了农户对亲人、邻居和非邻居同村村民的信任，制度信任选取了农户对村干部和管护制度的信任。需要关注的是，本书的信任不是通常理解的含义，而是指农户在参与农田灌溉系统治理时对他人所秉持的符合自身利益的情感认同或者理性行为预期（何可等，2015）。在调研时，考虑到农户的理解能力与接受能力，将

上述信任变量转化为如下问题，"我对亲人很信任：如果亲人建议我参与农田灌溉系统治理，我会尝试""我对邻居很信任：如果邻居建议我参与农田灌溉系统治理，我会尝试""我对非邻居同村村民很信任：如果非邻居同村村民建议我参与农田灌溉系统治理，我会尝试""我对村干部很信任：如果村干部组织农户参与农田灌溉系统治理，我会尝试""我对管护制度很信任：我相信其他村民会遵循农田灌溉系统管护治理制度"。

组织支持是成员通过组织对其奖励程度以及情感需求的满足程度等的综合感知（Eisenberger et al.，1986）。本书在 Eisenberger 等（1986）所开发的"组织支持调查问卷"基础上，根据凌文辁等（2006）的研究对问卷进行了修订，把组织支持划分为情感支持和工具支持，依据农田灌溉系统治理具体情况，将之设置为 6 个变量进行测量。社会信任和组织支持的指标体系如表 4 - 1 所示。

表 4 - 1　社会信任和组织支持的指标体系

变量类别	测量题项	变量赋值
社会信任	对亲人的信任 *relative*	1 = 很不信任
	对邻居的信任 *neighbor*	2 = 比较不信任
	对非邻居同村村民的信任 *villager*	3 = 一般
	对村干部的信任 *cadre*	4 = 比较信任
	对管护制度的信任 *institution*	5 = 很信任
组织支持	对您使用灌溉设施充分尊重 *respect*	1 = 很不同意
	您在灌溉过程中遇到困难时，村组织会关心和帮助 *assistance*	2 = 比较不同意
	重视您在治理中所做的贡献 *importance*	3 = 一般
	为您提供良好的灌溉设施 *facility*	4 = 比较同意
	为您提供灌溉所需人员支持 *staff*	5 = 很同意
	为您提供完善的灌溉信息 *information*	

二　社会信任与组织支持的测度

（一）测度方法

社会信任和组织支持涉及多变量问题，为了对变量进行简化，本书选取了因子分析法来对社会信任和组织支持进行测度。因子分析法是将较多的指标变量归结为少数几个综合指标的一种统计分析方法，归结后的少数变量涵盖原有变量大多数信息且彼此独立，因子分析法也因此可以使变量达到降维和简化的目的（林海明、张文霖，2005；杨坚争等，2014）。本书中社会信任和组织支持包含较多的指标变量，为了使变量达到降维和简化的目的，选择因子分析法是比较合适的。本书因子分析法内容具体如下。

1. 对指标进行标准化处理

因子分析前，首先要对各指标进行标准化处理，可以消除各指标间量纲和数量级的影响，有效地避免原始变量单位及数量级不一致导致的无法加总或比较的问题，有利于本书后续对社会信任和组织支持进行测度。本书对数据进行标准化处理时，选取的方法为 Z 分数方法，表达式为：

$$Z = \frac{x_i - \bar{x}}{\sigma(x)} \tag{4-1}$$

其中，$\bar{x} = \frac{1}{n} \sum_{i=1}^{n} x_i$，$\sigma(x) = \sqrt{\frac{1}{n-1}} \sqrt{\sum_{i=1}^{n} (x_i - \bar{x})^2}$

2. 因子的提取及命名

对社会信任和组织支持的因子提取时，可以遵循三种方法：提取特征值大于 1 的因子作为公因子；选取累计方差贡献率大于 80% 的因子作为公因子；提取碎石图拐点之前的因子作为公因子。对公因子进行提取后，需要根据公因子所表征的内涵对其进行命名。在实证分析中，可以在因子载荷矩阵分析的基础上，比

较各个主因子在哪些原始指标上占据的载荷较高,参照这些原始
变量的内涵对公因子进行命名(王毅,2017)。

3. 计算因子得分

因子得分是以因子得分系数,以及标准化后的原始数据为基础计算得来的,具体表达式为:

$$F_i = \beta_{i1}x_1 + \beta_{i2}x_2 + \cdots + \beta_{in}x_n \qquad (4-2)$$

其中,$\beta_{im}(m=1,2,\cdots,n)$ 是因子 F_i 在变量 x_m 上的得分。

(二)效度与信度检验

问卷指标良好的效度和信度是研究结果成立的基础,其中,效度检验是指测量指标可以在多大程度上表达所需的含义,效度愈高则愈能实现准确表达。效度检验由内容效度和建构效度构成。内容效度主要检测所选题项是否适当并具有代表性,在已有研究基础上设计的问卷在内容上具有较好的逻辑基础,则内容效度良好。问卷中的社会信任的测量是在蔡起华和朱玉春(2015a)、何可等(2015)、杨柳等(2018a)研究的基础上展开的,组织支持的测量是在 Eisenberger 等(1986)、凌文辁等(2006)、杨阳等(2015)研究的基础上展开的,同时本书邀请了相应领域内的专家进行了深度讨论,对问卷量表的内容进行了论证和修改,可以使本书的量表设计内容效度良好。建构效度是实际的样本测量值可以在多大程度上解释某一指标特征,样本数据可以做因子分析时,表明其建构效度良好。信度检验是指问卷测量结果的可靠性与一致性,Cronbach's α 系数可以分析社会信任和组织支持的信度。

本书运用 SPSS 21.0 软件对数据进行 KMO(Kaiser-Meyer-Olkin)统计量检验、Bartlett 球形检验和可靠性统计。效度分析结果显示,社会信任和组织支持变量的 KMO 值分别为 0.894 和 0.915(见表 4-2)。而 KMO 统计量的度量标准为,大于 0.9 表示非常适合因子分析,在 0.8~0.9 表示很适合因子分析,在 0.7~

0.8 表示适合因子分析，在 0.6 ~ 0.7 表示勉强适合因子分析，而小于 0.6 则不太适合因子分析。如表 4 - 2 所示，本书中社会信任和组织支持的 KMO 值均大于 0.8，且 Bartlett 球形检验结果显著，表明样本数据很适合进行因子分析，建构效度良好。信度检验结果显示，社会信任和组织支持的 Cronbach's α 系数分别为 0.933 和 0.928。而 Cronbach's α 系数大于 0.8 时表示量表的信度非常高，在 0.7 ~ 0.8 表示量表的信度较高。本书中社会信任和组织支持的 Cronbach's α 系数均大于 0.8，表明社会信任和组织支持的量表信度非常高。因此，社会信任和组织支持各测量题项的效度和信度均通过了检验，效度良好、信度较高，适合进一步研究。

表 4 - 2   效度与信度分析结果

变量	KMO 值	Bartlett 球形检验（显著性）	Cronbach's α 系数
社会信任	0.894	3111.168（0.000）	0.933
组织支持	0.915	3442.079（0.000）	0.928

（三）公因子的提取

根据特征值大于 1 的标准，本书采用主成分分析法对社会信任和组织支持的公因子进行提取。社会信任因子中，只有因子 1 的特征值大于 1，其方差贡献率达到了 78.763%（见表 4 - 3），因此，本书对社会信任提取了一个公因子，其可以解释社会信任 5 个原始指标中 78.763% 的信息。社会信任是一个单维指标，因此可以将提取的公因子命名为社会信任。

表 4 - 3   社会信任的总方差解释

因子	特征值	方差贡献率（%）	累计方差贡献率（%）
1	3.938	78.763	78.763

续表

因子	特征值	方差贡献率（%）	累计方差贡献率（%）
2	0.363	7.251	86.015
3	0.275	5.498	91.513
4	0.236	4.718	96.230
5	0.188	3.770	100.000

组织支持的因子中，也只有因子 1 的特征值大于 1，其方差贡献率达到了 73.695%（见表 4 - 4），因此，本书对组织支持提取了一个公因子，其可以解释组织支持 6 个原始指标中 73.695% 的信息。组织支持是一个单维指标，因此可以将提取的公因子命名为组织支持。

表 4 - 4　组织支持的总方差解释

因子	特征值	方差贡献率（%）	累计方差贡献率（%）
1	4.422	73.695	73.695
2	0.446	7.436	81.131
3	0.353	5.885	87.016
4	0.333	5.555	92.571
5	0.253	4.215	96.785
6	0.193	3.215	100.000

（四）因子得分计算

由表 4 - 5 可知，社会信任和组织支持测量变量的标准化因子载荷均大于 0.8，说明本书的适配度较高，能够对社会信任和组织支持进行测量。社会信任与组织支持的因子得分系数是观测变量的共性因子的值，可以依据因子得分系数矩阵对社会信任和组织支持公因子与各变量进行线性组合，由此得到的因子得分函数表达式为：

$$F_{trust} = 0.223relative + 0.232neighbor + 0.223villager +$$
$$0.224cadre + 0.225institution \qquad (4-3)$$

$$F_{support} = 0.205respect + 0.195assistance + 0.185importance +$$
$$0.192facility + 0.199staff + 0.189information \qquad (4-4)$$

其中，*trust* 是指社会信任，*support* 是指组织支持。

值得一提的是，式（4-3）和式（4-4）中的各变量并非原始变量，而是标准化之后的变量。将标准化之后的变量代入式（4-3）和式（4-4）中，便能计算出社会信任和组织支持的因子得分。

表 4-5　标准化因子载荷矩阵与因子得分系数矩阵

社会信任变量	标准化因子载荷	因子得分系数	组织支持变量	标准化因子载荷	因子得分系数
relative	0.878	0.223	*respect*	0.906	0.205
neighbor	0.913	0.232	*assistance*	0.860	0.195
villager	0.877	0.223	*importance*	0.817	0.185
cadre	0.884	0.224	*facility*	0.849	0.192
institution	0.885	0.225	*staff*	0.880	0.199
—	—	—	*information*	0.836	0.189

三　社会信任、组织支持的特征分析

（一）社会信任、组织支持各指标的描述性统计

由表 4-6 可知，社会信任变量中，农户对亲人的信任程度最高，均值为 4.026，可能的原因是，以亲缘为基础建立的关系是农户人际关系中最重要的组成部分，且农户与亲戚的走动较为频繁，尤其是在过年、过节期间，这也无形中增强了农户对亲人的信任感。相比对邻居的信任，农户对非邻居同村村民的信任程

度较低。可能的原因是，由于地缘的关系，农户与邻居的交流和互动更为频繁，相比非邻居同村村民，农户与邻居的关系更为紧密，信任感也更强。制度信任中，农户对村干部的信任程度均值为 3.858，高于农户对管护制度的信任程度均值（3.764），可能的原因是，村干部是农户选举产生的，通常是由村中有能力且有威望的人担当，且农村社区的管护治理集体行动多是由村干部引领和组织，农户在灌溉过程中产生的纠纷和矛盾也主要是由村干部负责协调解决，这些都有利于建立村干部的威信，从而获得农户的信任。但是，很多农村社区农田灌溉系统管护制度并不完善，无法对农户在农田灌溉系统治理过程中的行为形成有效制约，管护治理集体行动的成功更多地依赖村干部的领导和协调，从而导致农户对村干部的信任程度高于对管护制度的信任程度。

组织支持变量中，在情感支持方面，农户对村组织在其使用灌溉设施时给予的尊重有最高程度的感知，均值为 3.639，可能的原因是，内蒙古和宁夏的灌溉多为渠灌，而灌溉渠道的建设和维护成本远远超过单个农户家庭的承受范围，是需要农户共同参与完成的，农户在村干部的领导下参与灌溉设施的治理，并享有使用灌溉设施的权利，因此对使用灌溉设施有较为强烈的认同。相比于对农户在治理中所做贡献的重视，村组织在灌溉中对农户的关心和帮助被农户感知的程度较高，均值为 3.518。可能的原因是，村组织在农户灌溉时负责协调灌溉顺序和解决灌溉冲突等事情，这些均对保障农户的灌溉权益至关重要，而农户在治理中只要贡献了相应的劳动和资金，就可以享受村组织提供的灌溉服务，并没有更多的特殊待遇，因此农户对其在灌溉时获得的关心和帮助更为认可。在工具支持方面，村组织为农户提供完善的灌溉信息获得了农户最高程度的感知，均值为 3.896，可能的原因是，村组织一旦获取灌溉信息，会通过高音喇叭的方式告知农户，或者通过与村小队队长开会的方式告知队长，再由队长挨家挨户通知农户，无论通过哪种方式，都保障了农户对灌溉信息的充分了解，也因此获得了农户较高的认可。村组织为农户提供良好的灌溉设施获得的农户感知程度亦较高，均值为3.633，可能的原因是，灌溉设施是灌溉得以实现的基础，调研区域当地政府对灌溉设施的建设和维护比较重视，为农户提供了灌溉所需的基本保障，因此农户的认可程度也较高。另外，村组织在灌溉时为农户提供的人员支持也获得了农户较高程度的感知，均值为3.557，可能的原因是，每个村都有专门负责灌溉协调和监管的管理人员，他们充分保障了农户灌溉权利的实现，因此也获得了农户较高程度的认可。

表4-6　社会信任与组织支持各指标的描述性统计

变量类别	测量题项	均值	标准差	最小值	最大值
社会信任	*relative*	4.026	1.085	1	5
	neighbor	3.911	1.107	1	5
	villager	3.856	1.060	1	5
	cadre	3.858	1.079	1	5
	institution	3.764	1.092	1	5
组织支持	*respect*	3.639	1.066	1	5
	assistance	3.518	0.947	1	5
	importance	3.267	0.880	1	5
	facility	3.633	0.981	1	5
	staff	3.557	1.042	1	5
	information	3.896	1.080	1	5

（二）社会信任、组织支持各指标的赋值分布

社会信任和组织支持各指标赋值分布的具体情况见表4-7。社会信任变量中，农户对亲人很信任的比例达到了44.82%，是

所有指标中比例最高的，说明亲人仍然是农户信任的主体。很信任比例较高的便是农户对邻居的信任，比例为 39.90%，可能的原因是，农户与邻居沟通交流较为频繁，在长期相处过程中较容易建立信任关系。4.15% 的农户对管护制度是很不信任的，而在社会信任的其他指标中，很不信任的比例最高仅为 3.11%，可能的原因是，管护制度较为宏观，可以为村级农田灌溉系统管护治理提供指导性意见，但是无法直接对接到村级农田灌溉系统管护治理的具体情况中，村级农田灌溉系统管护治理主要依赖村域内农户约定俗成的规则，并在村组织的带领下进行管护治理，这就导致农田灌溉系统管护治理效果常常根据村庄的不同和村领导的不同而呈现较大差异，管护制度对农户参与农田灌溉系统治理的激励和约束作用也较为有限，导致一部分农户对管护制度很不信任。

组织支持变量中，农户感知到的最高水平的支持是来自村组织提供完善的灌溉信息，35.62% 的农户很好地感知到了村组织的信息支持，可能的原因是，大部分村设有高音喇叭等信息传输设备，能及时将灌溉和农田灌溉系统治理信息传递给农户，同时，村小队队长也会在需要的时候挨家挨户将信息及时通知各农户，农户之间熟悉的关系也有助于信息的及时传递，多种信息传递渠道保障了农户能及时接收到灌溉和农田灌溉系统治理信息，从而很好地感知到组织的信息支持。有超过一半的农户在较高水平上感知到了村组织给予的尊重、帮助、设施和人员支持，而只有 35.76% 的农户在较高水平上感知到了村组织对其贡献的重视。可能的原因是，在村组织的带领下参与农田灌溉系统治理的农户都能平等地享用灌溉设施，同时，村组织会尽量以公平的态度对待农户，使得大部分农户未感知到村组织额外的重视。

表 4 - 7 社会信任与组织支持各指标的赋值分布

单位：%

变量类别	测量题项	1	2	3	4	5
社会信任	*relative*	2.20	8.68	18.26	26.04	44.82
	neighbor	2.33	10.23	21.37	26.17	39.90
	villager	3.11	9.07	18.52	37.69	31.61
	cadre	2.85	8.93	22.41	31.22	34.59
	institution	4.15	8.94	22.41	35.36	29.14
组织支持	*respect*	1.42	13.35	32.77	24.87	27.59
	assistance	1.42	14.64	27.98	42.62	13.34
	importance	1.42	15.41	47.41	26.55	9.21
	facility	0.91	14.12	25.26	40.15	19.56
	staff	1.30	15.93	30.57	30.18	22.02
	information	1.30	14.12	13.86	35.10	35.62

四 本章小结

本章在对数据来源和样本特征进行阐释的基础上，构建了社会信任和组织支持的指标体系，分析了社会信任和组织支持的主要特征，并利用因子分析法对社会信任和组织支持进行了测度。主要结论如下。

（1）社会信任的指标体系包括农户对亲人、邻居、非邻居同村村民的人际信任，以及对村干部和管护制度的制度信任。在人际信任中，农户对亲人的信任程度最高，对邻居的信任程度较高，对非邻居同村村民的信任程度最低。在制度信任中，农户对村干部的信任程度高于对管护制度的信任程度。

（2）组织支持的指标体系包括村组织对农户的尊重、帮助和重视的情感支持，以及为农户提供灌溉设施、人员和信息的工具支持。在情感支持中，农户对村组织对其使用灌溉设施时给予的尊重有最高程度的感知，同时，相比于对农户在治理中所做贡献的重视，村组织在灌溉中对农户的关心和帮助被农户感知的程度较高。在工具支持中，村组织为农户提供完善的灌溉信息获得了农户最高程度的感知，农户对村组织提供的灌溉设施和人员支持的感知程度也较高。

社会信任、组织支持对农户参与农田
灌溉系统治理直接绩效的影响

引入农户参与农田灌溉系统治理机制是当前农田灌溉系统治理的重要方式，但农户个体的理性将导致集体的非理性，从而引致农田灌溉系统治理过程中的合作困境，而社会信任可以有效减少农户在农田灌溉系统治理过程中的搭便车行为，组织支持有利于激发农户在村组织领导下参与农田灌溉系统治理的积极性，可以为破解农田灌溉系统治理困境提供新的思路。本章引入社会信任和组织支持因子，利用内蒙古和宁夏 772 户微观农户调研数据，在 IAD 框架的基础上，采用 Binary Logit 回归和 Ordered Probit 回归，分析了社会信任和组织支持对农户参与农田灌溉系统治理行为和直接绩效的影响，并采用层级回归，分析了社会信任在组织支持影响农户参与农田灌溉系统治理行为和直接绩效过程中的中介效应，为健全农田灌溉系统治理机制，完善农田灌溉系统服务体系提供了理论支撑和现实依据。

一　理论框架与研究假说

（一）理论框架

Ostrom 的 IAD 框架用于阐释包含应用规则在内的外生变量如何影响公共池塘资源的自主治理，从而为资源使用者提供能够提升信任程度和加强合作的制度设计方案与标准（Poteete and Ostrom，2010）。IAD 框架可以用来分析和预测不同情境中人的行为，包括公共池塘资源治理困境中农户的行为。农户的认知系统是行动舞台的核心，农户通过认知系统对自身所掌握的知识和信息进行丰富和完善，并在此基础上对自身决策和行为进行修正（何凌霄等，2017）。作为公共资源管理的重要决定因素，社会信任内生、存在并镶嵌于农户的社会生活之中（Bouma et al.，2008），农户与其他成员建立的信任关系有助于他们形成共同的行为准则和互惠的处事模式（埃莉诺·奥斯特罗姆，2003）；而感受到组织支持的农户认为自己应负担较多责任，更愿意投入努力帮助组织实现目标（杨阳等，2015），最终影响治理绩效。同时，良好的社区氛围能为农户合作创造有利的条件，加之农户的个体特征和家庭情况对其治理决策的影响，在 IAD 框架基础上，综合已有研究，设计了本章的分析框架，如图 5-1 所示。

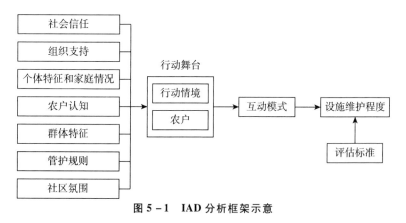

图 5-1　IAD 分析框架示意

（二）研究假说

1. 社会信任对农户参与农田灌溉系统治理行为和直接绩效的影响

社会信任被认为是基于普通共享规范的对网络成员期望可靠性

的感知和解释，是社会资本的重要组成部分。在一个共同体中，信任水平越高，成员间合作的可能性就越大（Robert，1993）。一方面，社会信任作为农户在农村社区赖以生存的社会货币，能够通过建立内在约束机制的方式对农户行为进行制约，可以有效减少农户的搭便车等机会主义行为（Herb and Hartmann，2014），促进管护治理集体行动的成功，从而保障农田灌溉系统的有效维护。另一方面，社会信任能有效促进农户之间的信息沟通交流，减少农户之间的信息不对称，有助于降低管护合作中的交易成本，促进农户对集体行动过程进行更有效的监督（Nooteboom，2002），促进农户参与农田灌溉系统治理集体行动的成功，从而实现农田灌溉系统的有效治理。根据以上分析，本书提出如下假说。

假说 5 - 1：社会信任显著正向影响农户参与农田灌溉系统治理行为。

假说 5 - 2：社会信任显著正向影响农户参与农田灌溉系统治理直接绩效。

2. 组织支持对农户参与农田灌溉系统治理行为和直接绩效的影响

组织支持用以描述成员对组织是否重视他们的贡献，并关心他们的福利待遇的总体感觉（Eisenberger et al.，1986），是农户愿意在农田灌溉系统治理过程中付出努力的关键因素。组织支持理论认为，对组织支持感知程度较高的成员倾向于通过承诺、努力及绩效等形式做出互惠行为，从而来回报组织的支持（Eisenberger et al.，2002；Chen et al.，2009）。感受到组织支持的农户认为自己应当担负较多责任，他们将产生积极的行为回报组织（黄俊等，2012），高水平的组织支持会使农户表现出更多的有利于组织的行为，从而提升整体绩效（Chong et al.，2001）。在农田灌溉系统治理过程中，农户从村组织获得的支持是组织认可农户并愿意为其投入的积极对待，既能让农户感受到村组织对农田灌溉系统治理的重视，提升农户对村组织的认可程度（Stamper and Dyne，2001），激发农户参与管护的积极性，又能减少农户的信息搜寻成本，充分发挥农户在灌溉过程中的监督作用，促进农田灌溉系统的有效维护。研究表明，组织支持由情感支持和工具支持构成（凌文辁等，2006），情感支持会直接影响农户的心理并激发其心理潜能，感受到情感支持的农户会做出互惠行为来回报组织，即积极参与农田灌溉系统治理，从而保障设施完好。另外，村组织为农户提供的工具支持能促进农户更充分了解灌溉信息，增强其对集体行动过程的监督能力，有利于农户参与农田灌溉系统治理集体行动的成功，从而实现对灌溉设施的有效治理。根据以上分析，本书提出如下假说。

假说5-3：组织支持显著正向影响农户参与农田灌溉系统治理行为。

假说5-4：组织支持显著正向影响农户参与农田灌溉系统治理直接绩效。

3. 社会信任的中介效应

社会信任与组织支持不是独立作用于农户参与农田灌溉系统治理绩效，组织支持会影响社会信任，并最终作用于农户参与农田灌溉系统治理直接绩效。一方面，村组织对农户的支持会使农户感知到被赞同和被尊重，有助于满足农户的社会需要和心理需要，使农户与村组织之间产生积极的情感纽带（许百华、张兴国，2005；Newman et al.，2012），促进农户与村组织和其他村民之间的交流合作并增强彼此的信任感；另一方面，作为社会交换的关键指标，社会信任具有可预测性和可靠性（Buchan et al.，2002）。当农户信任村组织时，他们相信村组织将会做正确的事情，并为村民谋取福利。在这种情况下，农户将更倾向于在村组织的领导下参与农田灌溉系统治理的集体行动，从而实现农田灌溉系统的有效治理。根据以上分析，本书提出如下假说。

假说 5-5：社会信任在组织支持影响农户参与农田灌溉系统治理行为的关系中具有中介效应。

假说 5-6：社会信任在组织支持影响农户参与农田灌溉系统治理直接绩效的关系中具有中介效应。

二　模型构建

（一）Binary Logit 模型

根据上述分析和假说，本章建立的社会信任、组织支持对农户参与农田灌溉系统治理行为影响的关系函数式如下：

$$GB(治理行为) = F_1(社会信任、组织支持) \quad (5-1)$$

被解释变量为农户参与农田灌溉系统治理行为，当农户家中有人参与了农田灌溉系统的治理时取值为 1，否则取值为 0。其中，农户参与农田灌溉系统治理行为包括农户参与投资、参与监督、参与管理和参与维护。治理行为是 0-1 变量，因此采用 Binary Logit 模型进行估计。该模型形式如下：

$$\text{Logit}\left[\frac{p(GB=1)}{1-p(GB=1)}\right] = \propto_0 + \propto_1 ST_i + \propto_2 OS_i \quad (5-2)$$

式（5-2）中，$p(GB=1)$ 代表取值概率，ST 代表社会信任，OS 代表组织支持①。

本章重点关注式（5-2）中的系数 $\propto_1$ 和 $\propto_2$，通过其系数符号来判断社会信任和组织支持对农户参与农田灌溉系统治理行为的影响。

（二）Ordered Probit 模型

根据上述分析和假说，本章建立的农户参与农田灌溉系统治

---

① 本书中 ST 与 trust、OS 与 support 含义相同。

理直接绩效及其影响因素的关系函数式如下：

$$Y(\text{设施维护程度}) = F_2(\text{社会信任、组织支持、个体特征和家庭情况、}$$
$$\text{农户认知、群体特征、管护规则、社区氛围}) \qquad (5-3)$$

被解释变量为农户参与农田灌溉系统治理绩效，衡量指标为农田灌溉系统的设施维护程度，根据设施维护程度从"损毁严重"到"很完好"依次赋值为 1～5 的整数。治理绩效是可以按照高低顺序排列的有序多分类响应变量，因此采用 Ordered Probit 模型进行估计。该模型描述如下。

设农田灌溉系统的设施维护程度 y 在 $\{1, 2, \cdots, k\}$ 上取值，解释变量 $x_1, x_2, \cdots, x_i$ 为农户参与农田灌溉系统治理绩效的影响因素变量，为了避免被解释变量为离散值时带来的异方差及不一致等问题，将被解释变量转化为连续变量 y^*，y^* 是指标变量 x 的连续函数，关系式如下：

$$y^* = \beta_0 + \beta_1 x_1 + \beta_2 x_2 + \cdots + \beta_i x_i = \beta' x + \varepsilon \qquad (5-4)$$

基于 IAD 框架的农户参与农田灌溉系统治理绩效影响因素的 Ordered Probit 模型表达式如下：

$$Y_i = \beta_0 + \beta_1 HC_i + \beta_2 FC_i + \beta_3 GC_i + \beta_4 R_i + \beta_5 CA_i + \varepsilon_i \qquad (5-5)$$

式中 Y_i 表示农户 i 对参与农田灌溉系统的设施维护程度的回答；HC_i、FC_i、GC_i、R_i、CA_i 为解释变量，分别表示农户个体特征和家庭情况、农户认知、群体特征、管护规则以及社区氛围变量，这五类变量基本涵盖了 IAD 框架中可能影响农户参与农田灌溉系统治理绩效的因素；ε_i 为随机扰动项。在式（5-5）的基础上引入 ST_i（社会信任）和 OS_i（组织支持）变量，并通过估计式（5-6）来探讨社会信任和组织支持对农户参与农田灌溉系统治理直接绩效的影响。

$$Y_i = \beta_0 + \beta_1 HC_i + \beta_2 FC_i + \beta_3 GC_i + \beta_4 R_i + \beta_5 CA_i + \beta_6 ST_i + \beta_7 OS_i + \varepsilon_i$$
$$(5-6)$$

　　本书重点关注式（5-6）中的系数β_6和β_7，通过其系数符号来判断社会信任和组织支持对农户参与农田灌溉系统治理绩效的影响。

（三）层级回归

　　本书在温忠麟等（2005）所提出的中介效应检验方法的基础上，利用层级回归方法，构建自变量和因变量之间的回归模型，自变量和中介变量之间的回归模型，以及自变量、中介变量和因变量之间的回归模型，具体表达式如下：

$$Y = cX + e_1 \tag{5-7}$$

$$M = aX + e_2 \tag{5-8}$$

$$Y = c'X + bM + e_3 \tag{5-9}$$

　　其中，Y代表的是因变量，在本章中是指农户参与农田灌溉系统治理行为和农田灌溉系统的设施维护程度；X表示自变量，指组织支持；M表示中介变量，指社会信任。需要注意的是，组织支持和社会信任变量取值为因子得分是连续性变量，所以式（5-8）适合采用线性回归模型进行分析。由于农户参与农田灌溉系统治理行为为0-1变量，设施维护程度为有序多分类响应变量，式（5-7）和式（5-9）适合采用 Binary Logit 回归和 Ordered Probit 回归进行分析。这种情况下，三个表达式的分析方法将会不一致，回归系数也无法进行比较，难以对社会信任的中介效应进行准确界定。为了解决这个问题，在刘红云等（2013）研究的基础上，本书同时利用 Binary Logit 回归、Ordered Probit 回归和线性回归对式（5-7）和式（5-9）进行分析，并对两次回归的结果进行比较。结果显示，系数c、c'、b的数值并未存在显著差异，因此，为了保持三个表达式分析方法一致，本书对式（5-7）和式（5-9）也采用线性回归。

本书中社会信任中介效应的检验包括四个步骤。第一，对式 (5-7) 中的回归系数 c 进行检验，如果 c 显著，之后继续进行分析；如果 c 不显著，则终止分析过程。第二，对式 (5-8) 中的回归系数 a 以及式 (5-9) 中的回归系数 b 进行检验，如果系数 a 和 b 都显著，就进入下一个检验步骤；若系数 a 和 b 中至少有一个不显著，就直接进行步骤四的检验。第三，对式 (5-9) 中的回归系数 c' 进行检验，如果系数 c' 并不显著，则表明中介变量 M 具备完全中介效应；如果回归系数 c' 显著，同时满足 $c' < c$，表明中介变量 M 具备部分中介效应。第四，在步骤二的基础上进行 Sobel 检验，检验统计量是 $z = \hat{a}\hat{b}/S_{ab}$，其中，$\hat{a}$ 和 $\hat{b}$ 分别是 a 和 b 的估计，$S_{ab} = \sqrt{\hat{a}^2 S_b^2 + \hat{b}^2 S_a^2}$，$S_a$ 和 S_b 分别是 $\hat{a}$ 和 $\hat{b}$ 的标准差。如果中介变量 M 具备中介效应，则检验统计量 z 的值为 ab，X 通过 M 对 Y 的中介效应占到总效应的比例是 ab/c。

三 变量定义及描述性统计

（一）变量定义

农户的社会信任（ST）和组织支持（OS）的变量定义见第四章，此处不再赘述。

农户参与农田灌溉系统治理行为（GB）。农户参与农田灌溉系统治理不但要发挥农户的民主功能和监督功能，而且鼓励农户将自身拥有的知识和技能贡献到项目中来，从而提高农田灌溉系统治理的效率。借鉴崔宝玉（2009）、杨柳和朱玉春（2016）、杨柳等（2018b）的做法，本书将农户参与农田灌溉系统治理行为划分为农户的投资行为、监督行为、管理行为和维护行为，共 4 个观测变量。农户家中有人参与过投资、监督、管理、维护赋值为"1"，否则赋值为"0"。

　　农户参与农田灌溉系统治理的直接绩效（Y）。农户参与农田灌溉系统治理绩效首先强调的是灌溉设施的供给绩效。完好的灌溉设施能减少水传递过程中的损耗，从而为农户农业生产经营提供有力保障。借鉴 Lam（1994）的做法，本书将农户参与农田灌溉系统治理直接绩效用设施维护程度来表征，数据来自受访农户对调查问题"您所在村组的小型农田水利设施维护状况如何？"的回答。当农户回答"损毁严重"—"很完好"时，依次赋值为 1~5 的整数。

　　农户个体特征和家庭情况（HC）变量，包括户主（或决策者）性别，男性赋值为 1，女性赋值为 0；年龄，以实际年龄（周岁）进行衡量；受教育程度，小学及以下赋值为 1，初中赋值为 2，高中或中专赋值为 3，大专赋值为 4，本科及以上赋值为 5；健康状况，"很差"—"很健康"依次赋值为 1~5 的整数；家中是否有村干部，有赋值为 1，没有赋值为 0；家庭农业劳动力数，用家庭实际农业劳动力人数（人）来衡量；家庭可灌溉耕地面积，用家庭可灌溉耕地的总面积（公顷）进行衡量；家庭农业收入，用家庭上一年的农业收入之和（万元）来衡量。

　　农户认知（FC）变量，包括农户对本村灌溉用水水价的认知，"很低"—"很高"依次赋值为 1~5 的整数；农田灌溉系统供给对家庭收入增加重要性的认知，"完全不重要"—"很重要"依次赋值为 1~5 的整数；政府对本村农田灌溉系统的投资力度的认知，"几乎不投资"—"投资很多"依次赋值为 1~5 的整数。

　　群体特征（GC）变量，包括成员同质性与用户群体规模，成员同质性可以体现在多个层面，但 Poteete 和 Ostrom（2004）提出利益诉求是否一致是决定集体行动能否形成的最关键因素，因此借鉴蔡荣（2015）的研究，本书选取"农户粮食作物耕种面积占耕地面积之比"作为成员同质性的代理变量，用实际比例进行衡量；选取"您与多少农户共用主要灌溉设施"来表征用户群体规模，用实际的农户户数进行衡量。

管护规则（R）变量，包括农田灌溉系统管护资金使用透明程度，"很不透明"—"很透明"依次赋值为 1~5 的整数；农田灌溉系统管护权责明晰程度，"很不明晰"—"很明晰"依次赋值为 1~5 的整数。

社区氛围（CA）变量，包括农户所在社区人与人之间的关系，农户所在社区的社会风气，以及农户的社区归属感，"很差"—"很好"或"很弱"—"很强"依次赋值为 1~5 的整数。变量定义及描述性统计见表 5-1。

（二）变量描述性统计

由表 5-1 可知，农户参与农田灌溉系统治理行为（GB）变量中，农户参与维护的比例最高，可能的原因是，在每年的灌溉季节到来之前，为保障灌溉的顺利进行，同一条渠道上的农户会通过集体行动的方式参与渠道的清理和修缮等工作，从而提高了其参与维护的比例。其次是农户参与投资的比例，可能的原因是，在内蒙古和宁夏，农户拥有的土地面积较大，灌溉渠道也相应比较长，除了最末一级的毛渠，其他较大的渠道则需要通过机械进行清理和维护，而雇用人工及租赁或购买机械的费用由农户共同承担，因此也就提升了其参与投资的比例。同时，农户参与监督和管理的比例也较高，可能的原因是，农户参与治理是集体行动，在治理过程中需要与他人进行沟通协调，并通过对他人行为的监督来保障集体行动的成功，最终实现自己的灌溉权利，因此农户参与管理和监督的比例也较高。

农田灌溉系统的设施维护程度（Y）的均值为 3.790，并且调查发现，认为农田灌溉系统设施"比较完好"和"很完好"的农户占 74.99%。可能的原因是，内蒙古和宁夏对农田灌溉较为重视，政府投入大量资金支持水利设施的建设和维护，并制定了相应的政策给予农户参与农田灌溉系统治理相应指导，促进了农田灌溉系统的有效治理。农户的社会信任和组织支持各变量的描述性统计分析见第四章，此处不再赘述。

在个体特征和家庭情况变量中，男性户主（或决策者）居多，说明农业劳动仍然由男性参与和主导。年龄普遍偏大，说明农村劳动力趋于老龄化。受教育程度以初中及以下为主，说明农村劳动力普遍受教育程度较低。健康状况较为良好，这为农户参与农田灌溉系统的管护治理及进行农业生产提供了良好的保障。家中有村干部的农户占到了19.2%，有村干部的家庭也更容易在管护治理过程中起到示范带头作用。家庭农业劳动力数平均接近3人，而调研区域家庭可灌溉耕地面积平均达到了1.591公顷，到农忙时节劳动力缺乏，因此有很多家庭在农忙时节选择雇用劳动力进行生产。家庭农业收入为6.238万元，较高的农业收入保障了农户的生活，这也是调研区域较多农户选择成为纯农户的原因。

在农户认知变量中，较多农户认为灌溉用水水价较高，可能的原因是，调研区域较为干旱，为了促进农户节约用水，很多地方的水价实行阶梯定价模式，加之有很多村庄的灌溉管理费用也计入了水价，从而提升了整体水价。农户普遍认为农田灌溉系统对收入增加比较重要，可能的原因是，调研区域降水不均，而良好的灌溉设施保障了农户的有效灌溉，从而提高了其农业生产收入。同时，当地政府比较重视灌溉设施的建管护，也因此提升了农户对政府投资力度的认知。

在群体特征变量中，共用主要灌溉设施的农户平均约为17户，这可能是因为，调研区域宽阔平坦，且分布较为集中，为多户农户共用灌溉设施提供了便利的条件。农户种植粮食作物面积的比例较高，占到了耕地面积的71.9%，且在调研村庄，农户在同样的季节种植的粮食作物种类也基本相同，使得其对灌溉设施和灌溉水的使用有相同的诉求。

在管护规则变量中，农户普遍认为管护资金的使用较为透明，可能的原因是，大部分村庄会定时定点公开管护资金的使用状况，使农户可以充分了解管护资金的使用状况，从而进行有力的监督。另外，农户普遍认为管护的权责较为明晰，这可能是因为，较多的农户认为灌溉设施应该是谁使用、谁治理，村组织更多的是发挥协调作用。

在社区氛围变量中，当地的社会风气较为良好，农户的人际关系较好，社区归属感较强。这可能是因为，农户在农忙时的互相帮助，以及在农闲时的频繁沟通交流增强了农户之间的联系，拓展了农户的人际关系。同时，农户也经常会参加村里组织的一些活动，也能在困难时得到其他人的关心和帮助，这些都对增强农户的社区归属感有促进作用。另外，农户在村中建立的声誉和信誉对其行为形成了约束，有效减少了盗窃和搭便车等失信行为的发生，有利于形成良好的社会风气。

表5-1 变量定义及描述性统计

变量类别	测量题项	均值	标准差	最小值	最大值
治理行为	参与农田灌溉系统治理的投资 investment	0.775	0.418	0	1
	参与农田灌溉系统治理的监督 supervision	0.738	0.440	0	1
	参与农田灌溉系统治理的管理 management	0.754	0.431	0	1
	参与农田灌溉系统治理的维护 maintenance	0.833	0.373	0	1
直接绩效	设施维护程度 condition	3.790	0.954	1	5
社会信任	对亲人的信任 relative	4.026	1.085	1	5
	对邻居的信任 neighbor	3.911	1.107	1	5
	对非邻居同村村民的信任 villager	3.856	1.060	1	5
	对村干部的信任 cadre	3.858	1.079	1	5
	对管护制度的信任 institution	3.764	1.092	1	5

续表

变量类别	测量题项	均值	标准差	最小值	最大值
组织支持	对您使用灌溉设施充分尊重 respect	3.639	1.066	1	5
	您在灌溉过程中遇到困难时，村组织会关心和帮助 assistance	3.518	0.947	1	5
	重视您在治理中所做的贡献 importance	3.267	0.880	1	5
	为您提供良好的灌溉设施 facility	3.633	0.981	1	5
	为您提供灌溉所需人员支持 staff	3.557	1.042	1	5
	为您提供完善的灌溉信息 information	3.896	1.080	1	5
个体特征和家庭情况	性别 gender	0.633	0.482	0	1
	年龄 age	53.789	9.997	19	83
	受教育程度 education	1.534	0.644	1	5
	健康状况 health	3.788	1.009	1	5
	家中是否有村干部 leadership	0.192	0.394	0	1
	家庭农业劳动力数 labor	2.957	1.254	1	7
	家庭可灌溉耕地面积 land	1.591	1.292	0.067	6.667
	家庭农业收入 income	6.238	5.225	0.15	59
农户认知	灌溉用水水价的认知 price	3.860	0.707	1	5
	农田灌溉系统对收入增加重要性认知 increase	3.596	0.831	1	5
	政府对农田灌溉系统的投资力度认知 input	3.788	0.805	1	5
群体特征	共用主要灌溉设施农户数量 number	17.496	12.407	5	60
	粮食作物耕种面积占耕地面积之比 area ratio	0.719	0.354	0	1
管护规则	管护资金使用透明程度 transparency	3.381	1.050	1	5
	管护权责明晰程度 clarity	3.597	0.846	1	5
社区氛围	人际关系 relationship	3.851	0.694	1	5
	社会风气 atmosphere	3.882	0.653	1	5
	社区归属感 belonging	3.712	0.771	1	5

四 模型估计结果与解释

(一) 多重共线性检验

在进行模型估计之前，考虑到影响农户参与农田灌溉系统治理直接绩效的变量之间可能存在内部相关，因此需要对自变量进行多重共线性检验。通常情况下，若方差膨胀因子 VIF > 3，表明自变量之间有一定的多重共线性。此处以社会信任作为被解释变量，其他变量作为解释变量进行估计，结果如表 5 - 2 所示。检验结果显示，VIF 值最高为 2.018，表明自变量之间的共线性程度处于合理范围，满足 Binary Logit 模型和 Ordered Probit 模型的要求。

表 5 - 2　多重共线性检验

变量		共线性统计量	
		容差	VIF
trust	support	0.964	1.037
	gender	0.745	1.342
	age	0.969	1.032
	education	0.937	1.068
	health	0.907	1.103
	leadership	0.810	1.235
	labor	0.978	1.022
	land	0.690	1.450
	income	0.698	1.432
	price	0.957	1.045
	increase	0.613	1.630
	input	0.718	1.393
	number	0.596	1.677
	area ratio	0.784	1.276

变量		共线性统计量	
		容差	VIF
trust	transparency	0.612	1.635
	clarity	0.626	1.597
	relationship	0.565	1.770
	atmosphere	0.699	1.431
	belonging	0.496	2.018

（二）Binary Logit 模型回归结果

Binary Logit 模型回归结果见表 5 - 3，共包含 4 个模型，模型的被解释变量分别为农户参与农田灌溉系统治理过程中的投资行为、监督行为、管理行为和维护行为。回归结果显示，社会信任和组织支持对农户参与农田灌溉系统治理行为均具有积极作用，假说 5 - 1 和假说 5 - 3 得到了证实。

具体而言：农户的社会信任在 1% 的显著性水平下正向影响农户参与农田灌溉系统治理行为。可能的解释是，村域内的农户多为世代居住，亲缘和地缘是农户人际关系的主要形成因素，因此，农户对亲人、邻居和非邻居同村村民的信任对其参与农田灌溉系统治理行为有重要影响。当这些群体选择参与农田灌溉系统治理时，农户一方面会基于对他们的信任而在他们的建议下选择参与农田灌溉系统治理，另一方面会基于对自身声誉的珍视而选择避免搭便车行为，从而促进农田灌溉系统集体行动的达成。同时，农户对村干部和管护制度的信任则会使其感受到的公平感增强，认为制度的约束能有效减少他人的搭便车行为，从而减少自身利益的损失，这在一定程度上也会促使农户参与农田灌溉系统治理。

农户从村组织获得的支持在 1% 的显著性水平下正向影响农户参与农田灌溉系统治理行为。可能的解释是，村组织的情感支持是增强农户和村组织情感的纽带，促使农户配合村组织更好地完成农田灌溉系统的治理工作，即通过积极采取治理行为的方式来保障集体行动的成功。同时，村组织对农户的工具支持能有效提升农户的灌溉效率，一方面可以让农户感受到村组织对农田灌溉系统的重视，另一方面可以有效减小农户在灌溉系统治理过程中的资金自投入压力，从而促进农户积极地参与到农田灌溉系统的治理过程中。

表 5 – 3　Binary Logit 模型回归结果

	投资行为 （模型 5 – 1）	监督行为 （模型 5 – 2）	管理行为 （模型 5 – 3）	维护行为 （模型 5 – 4）
trust	0.875*** （0.115）	0.907*** （0.116）	0.723*** （0.110）	0.996*** （0.134）
support	0.625*** （0.119）	0.777*** （0.119）	0.735*** （0.117）	0.705*** （0.137）
常数项	4.870*** （1.450）	3.404** （1.436）	2.784** （1.385）	6.043*** （1.732）
样本量	772	772	772	772
伪 R^2	0.2490	0.2869	0.2308	0.3102
LR chi²	205.19	254.57	198.87	216.16
Prob > chi²	0.0000	0.0000	0.0000	0.0000

注：** 、*** 分别表示5%、1% 的显著性水平；括号中为标准误。控制变量包括个体特征和家庭情况、农户认知、群体特征、管护规则、社区氛围，限于篇幅，未予汇报。

（三）Ordered Probit 模型基准回归结果

Ordered Probit 模型基准回归结果见表 5 – 4，共包含 2 个模型。模型的被解释变量为设施维护程度，模型 5 – 5 的解释变量包括农户个体特征和家庭情况、农户认知、群体特征、管护规则和社区氛围；模型 5 – 6 在模型 5 – 5 的基础上加入社会信任与组织支持两个变量。与模型 5 – 5 相比，模型 5 – 6 的伪 R^2 由 0.1576

增至 0.1936，增幅为 22.84%，说明社会信任和组织支持对设施维护程度有重要影响。本节对回归系数的解释基于模型 5 - 6。

表 5 - 4　Ordered Probit 模型基准回归结果

变量		设施维护程度	
		（模型 5 - 5）	（模型 5 - 6）
社会信任	trust		0.254*** (0.049)
组织支持	support		0.147*** (0.049)
个体特征和家庭情况	gender	0.310*** (0.098)	0.324*** (0.099)
	age	0.004 (0.004)	0.003 (0.004)
	education	-0.113* (0.066)	-0.085 (0.067)
	health	0.068 (0.042)	0.073* (0.043)
	leadership	0.332*** (0.120)	0.330*** (0.122)
	labor	0.006 (0.033)	0.008 (0.034)
	land	0.035 (0.038)	0.069* (0.039)
	income	-0.006 (0.009)	-0.010 (0.010)
农户认知	price	-0.150** (0.059)	-0.152** (0.059)
	increase	0.334*** (0.062)	0.331*** (0.063)
	input	0.066 (0.059)	0.045 (0.059)

变量		设施维护程度	
		（模型 5 - 5）	（模型 5 - 6）
群体特征	*number*	- 0. 007 * （0. 004）	- 0. 010** （0. 004）
	area ratio	0. 088 （0. 128）	0. 120 （0. 129）
管护规则	*transparency*	0. 099** （0. 049）	0. 123** （0. 049）
	clarity	0. 057 （0. 059）	0. 073 （0. 060）
社区氛围	*relationship*	0. 206*** （0. 076）	0. 216*** （0. 077）
	atmosphere	- 0. 028 （0. 073）	- 0. 059 （0. 074）
	belonging	0. 116 （0. 074）	0. 083 （0. 075）
样本量		772	772
对数似然比		- 796. 1491	- 762. 1381
伪 R^2		0. 1576	0. 1936
LR chi^2		297. 85	365. 87
Prob > chi^2		0. 0000	0. 0000

注：*、**、***分别表示10%、5%、1%的显著性水平；括号中为标准误。

在表5-4的模型5-6中，回归结果显示社会信任和组织支持对农户参与农田灌溉系统治理直接绩效具有积极作用，假说5-2和假说5-4得到了证实。具体而言有以下方面。

（1）农户的社会信任（*trust*）在1%的显著性水平下正向影响设施维护程度。可能的解释是，以亲缘和地缘为基础建立的人际信任是农户达成集体行动的重要影响因素。这是因为，在农村家庭生产经营的情况下，农户通过走访或送礼方式与亲人保持密切联系，使得亲人成为维系农户之间相互合作关系的重要纽带。当前中国，农村社区熟人社会的治理逻辑仍然存在，以熟人信任建立起来的邻里关系是中国传统社会关系的重要体现。同时，生活在同一社区的农户受共同的习俗、惯例和传统等非正式制度的约束，且以地缘为基础建立的关系是农户人际关系的重要组成部分。在这种情况下，一方面，农户与亲人、邻居和非邻居同村村民高频率的互动降低了农户的信息搜寻成本和达成一致行动的交易成本，有利于农户更充分地了解灌溉状况，从而实现对治理过程的有效监督，促进管护治理集体行动的达成。另一方面，农户与邻居和其他村民在灌溉方面有共同的诉求，他人的管护治理行为能有效减少农户的搭便车行为，且农户与其他农户之间建立的信任关系使彼此的言行受到共同准则的约束，更有利于管护治理集体行动的实现，更有利于维护灌溉设施。

在制度信任方面，农田灌溉系统的公共产品属性与农户家庭生产经营的私人产品属性之间的冲突，使得村干部对农户的管护治理激励通常与农户的实际需求不一致。当农户信任村干部时，其会相信村干部将会为农户谋取利益，并保障农户参与治理和使用灌溉水的公平。农户对村干部的信任使得其更愿意在村干部带领下参与治理，从而提高灌溉设施的维护水平。另外，当其他农户严格遵守规则参与治理并实施灌溉时，农户搭便车的行为将大大增加其机会成本，对其声誉和信誉都将造成不良影响。同时，其他农户遵守管护规则时，农户在管护治理过程中的公平感将会增强，将更愿意承担自己在管护治理中的责任，从而促进管护治理集体行动的达成，实现灌溉设施的有效维护。

（2）农户从村组织获得的支持（support）在 1% 的显著性水平下正向影响设施维护程度。可能的解释是，农田灌溉系统的建管护需要投入大量物力、财力及人力，超过了单个农户家庭的承受范围，而村组织的支持一方面可以减轻农户的资金投入压力，另一方面可以使农户感受到村组织对农田灌溉系统治理的重视，提升农户的管护治理预期，促进管护治理集体行动的实现，保障灌溉设施完好。同时，村组织可以对治理过程中的不公平行为进行约束或惩罚，保障管护治理集体行动的公平有效，从而实现灌溉设施的良好维护。具体而言，村组织对农户在灌溉过程中的尊重、关心和重视能够影响农户的心理并激发其心理潜能，从而增强农户对村组织的认可，促使农户在村组织的领导下参与管护治理集体行动的实现。另外，村组织对农户提供的灌溉设施、人员及信息支持能够使农户充分了解灌溉信息并实现有效灌溉，有利于提高农户治理及灌溉过程中的监督能力，减少治理过程中的搭便车行为，促进管护治理集体行动的达成，从而实现农户参与农田灌溉系统的有效治理。

（3）在农户个体特征和家庭情况变量中，农户的性别（gender）在1%的显著性水平下正向影响设施维护程度。可能的解释是，村庄灌溉事务多由男性主导，男性更多地参与了管护规则的制定和管护治理集体行动，在灌溉设施的维护方面起到了更重要的作用。农户的健康状况（health）在10%的显著性水平下正向影响设施维护程度。可能的解释是，农田灌溉系统在治理过程中需要农户投入较多的劳动，身体较为健康的农户更有能力参与管护治理集体行动，也更有能力维护灌溉设施。家中有村干部在1%的显著性水平下正向影响设施维护程度。可能的解释是，村干部在治理过程中起带头示范作用，更有利于管护治理工作的开展。农户的家庭可灌溉耕地面积（land）在10%的显著性水平下正向影响设施维护程度。可能的解释是，可灌溉耕地面积越大的农户对灌溉设施的依赖性越强，且容易形成示范作用，能有效促进治理合作，保障灌溉设施完好。

（4）在农户认知变量中，农户对灌溉用水水价的认知（price）在5%的显著性水平下负向影响设施维护程度。可能的解释是，较高的水价会削弱农户参与农田灌溉系统治理的积极性，不利于治理工作的开展，从而对设施维护有负向影响。农田灌溉系统对收入增加重要性的认知（increase）在1%的显著性水平下正向影响设施维护程度。可能的解释是，农田灌溉系统对收入增加越重要，农户越倾向于投入资本和劳动力参与治理，从而提升治理绩效。

（5）在群体特征变量中，共用主要灌溉设施农户数量（number）在5%的显著性水平下负向影响设施维护程度。可能的解释是，管护治理集体行动中的搭便车现象会随着成员个数的增加而加剧，且搭便车行为的存在削弱了农户参与农田灌溉系统治理的私人激励，加速了农田灌溉系统的老化失修进程。

（6）在管护规则变量中，管护资金使用透明程度（transparency）在5%的显著性水平下正向影响设施维护程度。可能的解释是，管护资金使用越透明，越有利于农户行使监督权，从而促进管护资金的有效使用，保障管护规则的有效实施，进而实现灌溉设施的有效治理。

（7）在社区氛围变量中，人际关系（relationship）在1%的显著性水平下正向影响设施维护程度。可能的解释是，良好的人际关系能有效促进农户与其他村民的沟通交流，彼此建立的基于声誉的约束机制能有效减少农户的搭便车行为，有利于管护治理集体行动的实现，从而保障设施完好。

（四）社会信任的中介效应检验

为了验证社会信任在组织支持影响农户参与农田灌溉系统治理行为和直接绩效中的中介效应，本书选取组织支持作为自变量，将农户参与农田灌溉系统治理行为和设施维护程度作为因变量，采用线性回归，并按照 Baron 和 Kenny（1986）提出的判别中介变量的三个标准验证社会信任的中介效应，揭示农户参与农田灌溉系统治理行为的作用机制。检验结果见表5-5和表5-6。

表 5-5　社会信任在组织支持影响农户参与农田灌溉系统
治理行为中的中介效应检验

	社会信任 （模型 5-7）		投资行为 （模型 5-8）		投资行为 （模型 5-9）	
	B	t 值	B	t 值	B	t 值
常数	-0.665	-1.55	1.119***	5.85	1.217***	6.73
trust	—	—	—	—	0.148***	9.59
support	0.507***	16.06	0.166***	11.79	0.091***	5.92
R²	0.2775		0.1754		0.2654	
调整 R²	0.2592		0.1546		0.2458	
F 值	15.20***		8.42***		13.57***	
	监督行为 （模型 5-10）		监督行为 （模型 5-11）		管理行为 （模型 5-12）	
	B	t 值	B	t 值	B	t 值
常数	0.934***	4.79	1.036***	5.63	0.853***	4.37
trust	—	—	0.153***	9.77	—	—
support	0.196***	13.62	0.118***	7.53	0.181***	12.58
R²	0.2255		0.3129		0.1899	
调整 R²	0.2060		0.2946		0.1694	
F 值	11.53***		17.10***		9.28***	
	管理行为 （模型 5-13）		维护行为 （模型 5-14）		维护行为 （模型 5-15）	
	B	t 值	B	t 值	B	t 值
常数	0.938***	4.99	1.124***	6.64	1.212***	7.58
trust	0.128***	8.03	—	—	0.132***	9.73
support	0.116***	7.25	0.150***	12.00	0.083***	6.06
R²	0.2540		0.1878		0.2787	
调整 R²	0.2341		0.1673		0.2595	
F 值	12.78***		9.15***		14.51***	

注：*** 表示 1% 的显著性水平。控制变量均与模型 5-6 相同，限于篇幅，未予汇报。

表 5 - 6　社会信任在组织支持影响农户参与农田灌溉系统治理

直接绩效中的中介效应检验

	社会信任 (模型 5 - 16)		设施维护程度 (模型 5 - 17)		设施维护程度 (模型 5 - 18)		中介效应
	B	t 值	B	t 值	B	t 值	
常数	- 0.665	- 1.55	1.683***	4.42	1.793***	4.78	
trust	—	—	—	—	0.167***	5.22	
support	0.507***	16.06	0.194***	6.90	0.109***	3.41	部分中介效应
R²	0.2775		0.3714		0.3935		
调整 R²	0.2592		0.3556		0.3773		
F 值	15.20***		23.39***		24.36***		

注：*** 表示 1% 的显著性水平。控制变量均与模型 5 - 6 相同，限于篇幅，未予汇报。

表 5 - 5 中的回归结果显示，自变量组织支持对农户参与农田灌溉系统治理的投资行为、监督行为、管理行为和维护行为均有显著积极影响，加入社会信任之后，自变量组织支持和中介变量社会信任对农户参与农田灌溉系统治理各行为的影响也均达到了 1% 的显著性水平，根据中介变量的判别标准，在组织支持对农户参与农田灌溉系统治理行为的影响过程中，社会信任变量具有部分中介效应，假说 5 - 5 得到证实。同时，表 5 - 6 的回归结果显示，自变量组织支持在模型 5 - 16 和模型 5 - 17 中均达到了 1% 的显著性水平，在模型 5 - 18 中加入社会信任之后，自变量组织支持和中介变量社会信任也均达到了 1% 的显著性水平。根据中介变量的判别标准，在组织支持对农户参与农田灌溉系统治理直接绩效影响的过程中，社会信任变量具有部分中介效应，假说 5 - 6 得到证实。这表明，组织支持一方面直接影响农户参与农田灌溉系统治理的行为和直接绩效，另一方面也通过社会信任间接影响农户参与农田灌溉系统治理的行为和农田灌溉系统的设施维护程度。

组织支持通过社会信任对农户参与农田灌溉系统治理直接绩

效有间接影响，可能的作用渠道是，组织支持影响了农户的人际信任和制度信任，并通过信任的约束作用减少了农户参与农田灌溉系统治理过程中的搭便车行为，最终实现了灌溉设施的有效治理。具体而言，首先，农田灌溉系统的公共产品属性与农户家庭生产经营的私人产品属性之间的冲突，使得村干部对农户的治理激励通常与农户的实际需求不一致，而村组织的情感支持可以使农户感受到被认可和尊重，工具支持可以减少农户自有资金的投入压力，从而促进农户做出互惠行为来回报组织。在农村地区，村组织对农户的支持方式和支持力度通常是由村干部决策并执行，这种方式能有效提升农户对村干部的认可程度，促进农户对村干部的治理激励做出积极的行为响应，从而提升农户参与农田灌溉系统治理的直接绩效。其次，村组织在组织和领导农户进行管护治理集体行动的过程中，促进了农户之间的沟通交流和互相协作，提升了农户与亲人、邻居和非邻居同村村民之间的关系信任感，保障了管护治理集体行动的有效达成。最后，村组织支持有助于农户对管护制度形成一种稳定的心理预期，农户对管护制度越认可，对自身获得的福利期望越高，越倾向于参与管护治理工作，从而促进农户参与农田灌溉系统治理直接绩效的提升。

（五）稳健性检验

为检验实证结果的稳健性，下面用两种方式进行稳健性检验，结果如表 5 - 7 所示，具体结论如下。

（1）通常，老年人由于年老体弱，在从事农业生产经营活动时劣势较为明显，因此，为了检验结果的稳健性，剔除了样本数据中 65 周岁以上的男性样本和 60 周岁以上的女性样本，重新进行了 Ordered Probit 回归（见模型 5 - 19）。

（2）使用社会信任和组织支持的替代变量估计了二者对农户参与农田灌溉系统治理直接绩效的影响（见模型 5 - 20）。其中，对社会信任采用农户对"一般来说，您觉得大多数人可信吗?"这一问题的回答来测量，"很不可信"—"很可信"依次赋值为1~5的整数；对组织支持采用农户对"村组织积极为农田灌溉系统的建管护争取财政补贴"这一问题的回答来测量，"很不同意"—"很同意"依次赋值为1~5的整数。不难发现，表5-7的回归结果与表5-4的回归结果基本一致，由此证实了社会信任和组织支持能显著提高农户参与农田灌溉系统治理的直接绩效，且实证分析结果较稳健。

表5-7 稳健性检验

变量		设施维护程度	
		（模型5-19）	（模型5-20）
社会信任	*trust*	0.253*** (0.054)	0.103** (0.045)
组织支持	*support*	0.117** (0.054)	0.127*** (0.045)
个体特征和 家庭情况	*gender*	0.251** (0.110)	0.308*** (0.099)
	age	0.010* (0.006)	0.003 (0.004)
	education	-0.059 (0.074)	-0.110* (0.066)
	health	0.044 (0.048)	0.066 (0.042)
	leadership	0.319** (0.138)	0.362*** (0.120)
	labor	-0.022 (0.038)	0.004 (0.033)
	land	0.067 (0.043)	0.034 (0.038)
	income	-0.006 (0.012)	-0.006 (0.009)

变量		设施维护程度	
		（模型 5 - 19）	（模型 5 - 20）
农户认知	*price*	- 0. 152**	- 0. 148**
		（0. 066）	（0. 059）
	increase	0. 373***	0. 322***
		（0. 071）	（0. 063）
	input	0. 099	0. 080
		（0. 066）	（0. 059）
群体特征	*number*	- 0. 010**	- 0. 007 *
		（0. 005）	（0. 004）
	area ratio	0. 160	0. 107
		（0. 142）	（0. 128）
管护规则	*transparency*	0. 081	0. 088 *
		（0. 053）	（0. 049）
	clarity	0. 058	0. 051
		（0. 068）	（0. 060）
社区氛围	*relationship*	0. 216**	0. 204***
		（0. 086）	（0. 076）
	atmosphere	- 0. 015	- 0. 030
		（0. 085）	（0. 074）
	belonging	0. 067	0. 115
		（0. 083）	（0. 074）
样本量		645	772
对数似然比		- 628. 2812	- 788. 4889
伪 R²		0. 1840	0. 1657
LR chi²		283. 26	313. 17
Prob > chi²		0. 0000	0. 0000

注：* 、** 、*** 分别表示 10% 、5% 、1% 的显著性水平；括号中为标准误。

五　本章小结

本章在 IAD 框架的基础上，采用 Binary Logit 模型和 Ordered Probit 模型，利用内蒙古和宁夏的 772 份微观农户调研数据，实证分析了社会信任和组织支持对农户参与农田灌溉系统治理行为和直接绩效的影响。主要结论如下。

（1）完好的灌溉设施能减少水传递过程中的损耗，从而为农户农业生产经营提供有力保障，而农户参与农田灌溉系统治理的绩效首先强调的是灌溉设施的供给绩效，因此，本书将农户参与农田灌溉系统治理直接绩效用设施维护程度来表征。农田灌溉系统的设施维护程度均值为 3.790，且认为农田灌溉系统"比较完好"和"很完好"的农户占 74.99%，说明调研区域的设施维护程度较高。

（2）农户参与农田灌溉系统治理的行为包括农户的投资行为、监督行为、管理行为和维护行为，其中，农户参与农田灌溉系统维护的比例最高，其次是投资行为，而相对于参与管理的比例，农户参与监督的比例最低，但仍然处于较高水平，说明农户在农田灌溉系统治理过程中的参与比例较高。

（3）在 IAD 框架基础上，运用 Binary Logit 模型和 Ordered Probit 模型，分析了社会信任和组织支持对农户参与农田灌溉系统治理行为和直接绩效的影响效应，结果显示，社会信任和组织支持对农户参与农田灌溉系统治理的行为和直接绩效均有显著正向影响，该结论在剔除老年人样本以及对变量进行指标替换的情况下仍然成立，说明分析结果较为稳健。

（4）利用层级回归方法，根据中介变量的判别标准，证实了在组织支持影响农户参与农田灌溉系统治理行为和直接绩效的过程中，社会信任变量具有部分中介效应。

（5）农户个体特征和家庭特征中，性别、健康状况、家中有村干部以及家庭可灌溉耕地面积对农户参与农田灌溉系统治理的直接绩效均有积极影响。农户认知变量中，农户对灌溉用水水价的认知对农田灌溉系统的设施维护程度有消极影响，而农田灌溉系统对收入增加重要性的认知能显著积极影响设施维护程度。群体特征变量中，共用主要灌溉设施农户数量对设施维护程度有显著消极影响。管护规则变量中，管护资金使用透明程度能够积极影响设施维护程度。社区氛围变量中，人际关系能够显著积极影响设施维护程度。

社会信任、组织支持对农户参与农田灌溉系统治理间接绩效的影响

本章依据内蒙古和宁夏的 772 份微观农户的实地调研数据，运用结构方程模型，分析社会信任和组织支持对农户参与农田灌溉系统治理行为和间接绩效的影响，并选取农户的农业收入水平为调节变量进行了多群组分析，以探索提升农户参与农田灌溉系统治理行为和间接绩效的路径，最终为促进农田灌溉系统治理绩效提供理论支撑和实证依据。

一　研究假说与理论框架

（一）研究假说

1. 社会信任对农户参与农田灌溉系统治理行为及间接绩效的影响

农户的社会信任即农户在一定村域内经过长期交往建立的信任关系（蔡起华，2017），不只局限于人与人先赋的血缘家族关系，也可以通过各种方式扩展到没有血缘关系的其他人群，以及相关的制度和规则中去，因此，农户的社会信任包括建立在人际关系（包括先赋性关系和获得性关系）基础上的特殊信任，建立在观念信仰认同一致基础上的一般信任（李伟民、梁玉成，

2002；Gorton et al.，2010），以及依赖于法律和政治等制度环境，
建立在"非人际"关系基础上的制度信任（何可等，2015）。在
一个组织中，社会信任水平越高，合作的可能性就越大（Putnam
et al.，1993）。当前中国的农村社区熟人社会的治理逻辑仍然存
在，使得社会信任成为突破村庄集体行动的困境，提升农户参与农
田灌溉系统治理绩效的重要因素（蔡起华、朱玉春，2016）。一方
面，人际信任有利于农户通过互动模式共享知识、规则、规范和期
望，并通过名誉对农户的不当行为形成制约（申钦鸣、柯珍雅，
2016），从而缓解各利益主体间的冲突，降低农户参与农田灌溉系
统治理过程中的交易成本和道德风险，促进集体行动的实现（周生
春、汪杰贵，2011）；另一方面，制度信任通过建立合作机制和内
在约束机制弱化农户在参与农田灌溉系统治理中的搭便车心理，促
进农户与农户之间、农户与村组织之间的合作，有利于农户参与农
田灌溉系统治理行为的实现（蔡起华、朱玉春，2015a）。另外，社
会信任能有效促进农户之间的信息沟通和交流，减少信息的不对
称，增强农户在灌溉用水分配过程中的监督能力，保障实现自己的
灌溉权利，从而实现灌溉用水的公平分配。同时，充分的信息能保
障农户对治理行为和水费缴纳行为的有效监督，既有利于实现灌溉
渠道的清理和维护，减少灌溉用水传递过程中的损耗，又有助于实
现灌溉用水费用的及时缴纳，减少灌溉用水供给的等待时间，实现
灌溉用水的公平和及时。因此，本书提出如下假说。

假说6-1：社会信任显著正向影响农户参与农田灌溉系统治
理行为。

假说6-2：社会信任显著正向影响农户参与农田灌溉系统治
理间接绩效。

**2. 组织支持对农户参与农田灌溉系统治理行为及间接绩效的
影响**

组织对农户的支持是农户愿意在农田灌溉系统治理过程中做

出贡献的关键因素，感受到组织支持的农户认为自己应当担负较多责任，他们将产生积极的行为以回报组织（Farh and Liang，2007；黄俊等，2012），高水平的组织支持会使农户愿意表现出更多的有利于组织的行为，从而提升整体绩效（Chong et al.，2001）。对组织支持的研究发现，组织支持由情感支持和工具支持构成，可以解释农户对其与村组织交换关系的满意感（凌文辁等，2006）。一方面，农户获得的情感支持会直接影响其心理并激发其心理潜能，当村组织愿意主动满足农户的社会情感需要时，农户感知的组织支持会增强（朱仁崎等，2013），会为实现组织目标付出更多努力，并做出互惠行为来回报组织给予的支持，即积极参与农田灌溉系统治理（宗文等，2010），这能保障灌溉设施的完好，减少灌溉用水传递过程中的损耗，实现灌溉用水的充分供给。而作为对村组织支持的回报，农户会倾向于按时缴纳灌溉用水费用，减少了不按时缴纳水费导致的灌溉用水供给延缓状况，有利于实现灌溉用水的及时供给。另一方面，由于农田灌溉系统公共产品的属性，农户完全承担治理成本会降低其参与农田灌溉系统治理的积极性，而村组织主动提供工具支持以帮助农户达成灌溉目标，可以减小农户自有资金的投入压力，会使农户更倾向于参与农田灌溉系统治理（杨阳等，2015）。同时，村组织的工具支持能促进农户充分了解灌溉信息，增强农户对灌溉过程的监督能力，有利于灌溉用水的公平分配。因此，本书根据上述研究推测，提出如下假说。

假说6-3：组织支持正向影响农户参与农田灌溉系统治理行为。

假说6-4：组织支持正向影响农户参与农田灌溉系统治理间接绩效。

3. 组织支持对社会信任的影响

组织支持会对农户社会信任的积累产生影响，一方面，村组织对农户的情感支持会使农户感知到被赞同和被尊重，有助于满足农户的社会需要和心理需要，使农户与村组织之间产生积极的情感纽带（许百华、张兴国，2005；Newman et al.，2012），增强农户对村组织及成员的信任感，并促进农户与村组织和其他村民之间的交流合作，从而提升农户的社会信任；另一方面，农户从村组织获得的资讯、培训和设备等工具支持是组织认可农户并愿意为其投资的积极对待，会使农户感知到组织对农田灌溉系统供给的重视，有助于提升农户对组织的认可程度和信任水平，并提高农户之间的交流频率，从而促进社会信任的有效积累（Stamper and Dyne，2001）。因此，本书根据上述研究推测，提出如下假说。

假说6-5：农户获得的组织支持正向影响其社会信任。

4. 农户参与农田灌溉系统治理行为对间接绩效的影响

农户参与农田灌溉系统治理行为是一种相互的协作行为，是具有共同利益的农户为实现农田灌溉系统的良好运行而自主选择参与的集体行动（郭珍，2015），是农户自我意识、自主决定和自主管理的参与机制，更加强调过程参与而不仅仅是决策参与，主要体现在农户参与决策、规划、融资、监督、管理和维护等方面（崔宝玉，2009；杨柳、朱玉春，2016；杨柳等，2018b）。在公共项目管理中，项目行为被界定为参与者运用各种知识、手段和技能，按照要求保障项目顺利实施的"过程"，而项目绩效则代表着项目的"结果"（特纳，2005）。"过程"必然会对"结果"产生影响，农户参与农田灌溉系统治理亦然，即有效的治理行为可以促进治理间接绩效的提升，且农户参与治理行为愈充分，治理绩效提升的概率就愈大，从而更好地满足农户农业生产经营的需求（陈一恒，2012；汪萍等，2016）。因此，本书提出如下假说。

假说6-6：农户参与农田灌溉系统治理行为正向影响治理间

接绩效。

（二）理论框架

基于理论基础和研究假说，构建了社会信任、组织支持对农户参与农田灌溉系统治理间接绩效影响的理论框架，如图 6-1 所示。其中，社会信任、组织支持、治理行为和间接绩效均为潜变量。图 6-1 为结构模型，展现了潜变量与潜变量的因果关系。作为"因"的潜变量是外衍变量，用 ξ 表示；作为"果"的潜变量是内衍变量，用 η 表示。内衍变量既受外衍变量影响，又受其他因素干扰，即误差变量，用 ζ 表示。组织支持是外衍变量，用 ξ_1 表示；社会信任、治理行为和间接绩效是内衍变量，分别用 η_1、η_2 和 η_3 表示。

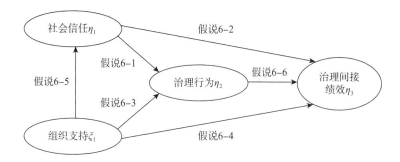

图 6-1 社会信任、组织支持对农户参与农田灌溉系统治理间接绩效影响的理论框架

图 6-1 所反映的潜变量之间的回归方程如下：

$$\eta_1 = \gamma_{11}\xi_1 + \zeta_1 \tag{6-1}$$

$$\eta_2 = \gamma_{21}\xi_1 + \beta_{21}\eta_1 + \zeta_2 \tag{6-2}$$

$$\eta_3 = \gamma_{31}\xi_1 + \beta_{31}\eta_1 + \beta_{32}\eta_2 + \zeta_3 \tag{6-3}$$

其中，γ_{11}、γ_{21} 和 γ_{31} 分别表示外衍变量组织支持（ξ_1）对内衍变量社会信任（η_1）、治理行为（η_2）和间接绩效（η_3）的影响程度；β_{21} 和 β_{31} 表示社会信任（η_1）对农户参与农田灌溉系统

治理行为（η_2）和间接绩效（η_3）的影响程度；β_{32}表示农户参与农田灌溉系统治理行为（η_2）对间接绩效（η_3）的影响程度；ζ_1、ζ_2和ζ_3是误差变量。

二　变量定义和描述性统计

（一）选取农户农业收入水平作为模型调节变量的原因分析

梳理国内外文献发现，农户参与农田灌溉系统治理绩效研究较少关注农户农业收入水平差异。农户参与农田灌溉系统治理行为和绩效既受社会资本和组织支持的影响，又受到农户收入结构差异的现实挑战（刘鸿渊等，2010）。收入提高引发较强分化趋向，使得不同收入水平农户呈现差异较大的行为偏好，进而作用于其治理行为（朱玉春、王蕾，2014）。而收入构成中，农业收入对农户治理行为影响更为明显，若是农户收入来源于打工或者第三产业，那么在村庄不强制所有成员必须参与治理的情况下，其参与农田灌溉系统治理的可能性基本为零（郭珍，2015）。同时，不同农业收入水平的农户对农田灌溉系统依赖性不一样，导致其治理行为存在差异。若农户农业收入水平较高，则其对农田灌溉系统较为依赖，为了满足灌溉需求其更偏好参与治理，且这部分农户享有较高的社会权威，很容易对农业收入水平较低的农户产生社会影响，在参与农田灌溉系统治理过程中形成示范带头效应，促进集体行动的成功（陈阿江、吴金芳，2013）。因此，研究农户参与农田灌溉系统治理绩效时，选择农户农业收入水平作为调节变量，有利于按照农户农业收入水平的不同制定差异化的治理方案。

鉴于本书以农业收入水平作为调节变量对农户参与农田灌溉系统治理间接绩效进行分析，因此在调研问卷中农户的农业收入

（Agricultural Income，简写为"AI"）变量题项采用李克特五点量表法设置。通过对现有文献资料的分析和对相关专家进行咨询，并结合内蒙古和宁夏农户土地经营规模较大导致农业收入水平较高的现实状况，本书对农户的农业收入水平分类如下：1 表示"0 < $AI \leqslant 2$ 万元"＝低；2 表示"2 万元 < $AI \leqslant 4$ 万元"＝中低；3 表示"4 万元 < $AI \leqslant 6$ 万元"＝中等；4 表示"6 万元 < $AI \leqslant 8$ 万元"＝中高；5 表示"$AI > 8$ 万元"＝高。样本农户的农业收入水平统计如表 6 - 1 所示。

表 6 - 1　农户农业收入水平分布统计

不同农业收入水平	农户频数	比例（%）
低农业收入	161	20.85
中低农业收入	161	20.85
中等农业收入	137	17.75
中高农业收入	144	18.66
高农业收入	169	21.89

（二）变量定义

本书将农户的社会信任、组织支持、农户参与农田灌溉系统治理行为和间接绩效划分为 4 个潜变量。其中，社会信任（ST）和组织支持（OS）的指标体系设计见第四章，此处不再赘述。农户参与农田灌溉系统治理行为和间接绩效各指标的描述性统计见表 6 - 2。

农户参与农田灌溉系统治理行为（Governance Behavior，简写为"GB"）变量的定义见第五章，此处不再赘述。

农户参与农田灌溉系统治理间接绩效（Governance Performance，简写为"GP"）。借鉴 Lam（1994）的做法，本书将农户参与农田灌溉系统治理间接绩效划分为灌溉用水的供给充足程度、可靠程度和分配公平程度，共 3 个观测变量。当农户回答灌溉用水供给"很不充足"—"很充足"，灌溉用水供给"很不可靠"—"很可靠"，灌溉用水分配"很不公平"—"很公平"时，依次赋值为 1~5 的整数。

表 6 - 2 农户参与农田灌溉系统治理行为及间接绩效各指标的描述性统计

变量类别	测量题项	均值	标准差	最小值	最大值
治理行为	参与农田灌溉系统治理的投资 *investment*	0.775	0.418	0	1
	参与农田灌溉系统治理的监督 *supervision*	0.738	0.440	0	1
	参与农田灌溉系统治理的管理 *management*	0.754	0.431	0	1
	参与农田灌溉系统治理的维护 *maintenance*	0.833	0.373	0	1
间接绩效	灌溉用水的供给充足程度 *adequacy*	3.631	0.889	1	5
	灌溉用水的供给可靠程度 *reliability*	3.376	0.943	1	5
	灌溉用水的分配公平程度 *fairness*	3.499	1.031	1	5

（三）变量描述性统计

农户的社会信任和组织支持各指标的描述性统计见第四章，此处不再赘述。农户参与农田灌溉系统治理行为和间接绩效变量的描述性统计分别见第五章和第三章，此处不再赘述。

三 农户参与农田灌溉系统治理间接绩效模型实证分析

（一）效度与信度检验

效度检验由内容效度和建构效度构成。内容效度主要检测所选题项是否适当并具有代表性，在已有研究基础上设计的问卷逻辑基础较好，内容效度良好。问卷中的社会信任是在蔡起华和朱玉春（2015a）以及何可等（2015）的研究基础上设计的，组织支持是在Eisenberger等（1986）以及凌文辁等（2006）的量表基础上展开的，农户参与农田灌溉系统治理行为是在崔宝玉（2009）、杨柳和朱玉春（2016）、杨柳等（2018b）研究基础上设计的，而农户参与农田灌溉系统治理间接绩效是在Lam（1994）研究基础上设计的，且本书的理论框架是在蔡起华和朱玉春（2015b）的农户参与农田灌溉系统供给的集体行动模型基础上展开的，可以使本书的量表设计内容信度较高。建构效度是实际的样本测量值可以在多大程度上解释某一指标特征，样本数据可以做因子分析，表明其建构效度良好。信度检验是指问卷测量结果的可靠性和一致性，Cronbach's α 系数与结构方程模型可用于检验潜变量的信度。

本书运用 SPSS 25.0 软件对数据进行 KMO（Kaiser-Meyer-Olkin）统计量检验和 Bartlett 球形检验。效度与信度分析结果显示，农户参与农田灌溉系统治理绩效及其影响因素各潜变量的 KMO 值均不小于 0.7，且 Bartlett 球形检验结果显著，表明数据适合进行因子分析（见表6-3）。本书潜变量的问卷测量题项效度和信度均通过了检验，效度良好、信度较高，因此适合进一步研究。

表6-3　效度和信度分析结果

变量	测量题项	KMO值	Bartlett 球形检验（显著性）	因子共同成分	累计解释方差（%）	Cronbach's α 系数
ST	relative	0.894	3111.168 (0.000)	0.878	78.763	0.933
	neighbor			0.913		
	villager			0.877		
	cadre			0.884		
	institution			0.885		

变量	测量题项	KMO值	Bartlett 球形检验（显著性）	因子共同成分	累计解释方差（%）	Cronbach's α系数
OS	respect	0.915	3442.079（0.000）	0.906	73.695	0.928
	assistance			0.860		
	importance			0.817		
	facility			0.849		
	staff			0.880		
	information			0.836		
GB	investment	0.751	858.089（0.000）	0.792	60.607	0.783
	supervision			0.799		
	management			0.793		
	maintenance			0.728		
GP	adequacy	0.700	783.824（0.000）	0.882	72.447	0.806
	reliability			0.831		
	fairness			0.840		

（二）违犯估计和正态性检验

违犯估计用来检验估计系数是否超出可接受范围，必须在对模型拟合优度评价之前进行（荣泰生，2009）。农户参与农田灌溉系统治理间接绩效模型中没有负的误差方差，标准化系数值的绝对值均没有超过 0.95，表明本书没有出现违犯估计现象，可以检验整体模型拟合优度。同时，农户参与农田灌溉系统治理间接绩效模型中各观测变量的偏度系数和峰度系数都接近于零，说明观测变量呈正态分布。

（三）模型整体适配度检验

由表 6 - 4 可知，本书模型整体适配度检验各指标都为理想水平，表明模型与数据整体拟合较好；社会信任、组织支持、治理行为和间接绩效的信度都不小于 0.7，表明本书模型内在拟合优度良好。整体来说，本书结构方程模型拟合优度较好，其结果能够用来验证研究假说。

表 6 - 4　结构方程模型拟合优度分析结果

拟合优度指标	评价标准	模型结果	拟合情况
χ^2/df	< 2	1.954	理想
GFI	> 0.9	0.968	理想
RMR	< 0.05	0.023	理想
RMSEA	< 0.05	0.035	理想
AGFI	> 0.9	0.953	理想
NFI	> 0.9	0.977	理想
RFI	> 0.9	0.970	理想
IFI	> 0.9	0.989	理想
TLI	> 0.9	0.985	理想
CFI	> 0.9	0.989	理想
PGFI	> 0.5	0.668	理想
PNFI	> 0.5	0.754	理想
PCFI	> 0.5	0.762	理想

（四）研究假说检验

根据农户参与农田灌溉系统治理间接绩效的理论模型，本书利用 AMOS 25.0 软件分析得到结构方程模型各变量间的路径系数（见表 6 - 5）。路径系数的正负和显著性是判断假说是否成立的主要依据，本章 6 个假说的标准化估计系数均为正，而且在 1% 的水平下显著，表明假说都得到了支持。

表 6 – 5 结构方程模型估计结果

假说	非标准化估计系数	标准化估计系数	C. R. (t 值)	结论
假说 6 – 1：GB ← ST	0.139	0.517***	11.102	接受
假说 6 – 2：GP ← ST	0.115	0.150***	3.619	接受
假说 6 – 3：GB ← OS	0.094	0.343***	8.105	接受
假说 6 – 4：GP ← OS	0.201	0.257***	7.295	接受
假说 6 – 5：ST ← OS	0.562	0.551***	14.503	接受
假说 6 – 6：GP ← GB	1.901	0.669***	10.365	接受

注：*** 表示 1% 的显著性水平。

由表 6 –6 可知，从直接效应来看，对农户参与农田灌溉系统治理行为影响最大的变量是社会信任（0.517），其次是组织支持（0.343）；对农户参与农田灌溉系统治理间接绩效影响最大的变量是农户参与农田灌溉系统治理行为（0.669），其次是组织支持（0.257），影响最小的是社会信任（0.150）。从间接效应来看，对农户参与农田灌溉系统治理间接绩效影响最大的变量是组织支持（0.503），其次是社会信任（0.346）。从总效应来看，对农户参与农田灌溉系统治理行为影响最大的变量为组织支持（0.627），其次是社会信任（0.517）；对农户参与农田灌溉系统治理间接绩效影响最大的变量是组织支持（0.760），其次是农户参与农田灌溉系统治理行为（0.669），影响最小的是社会信任（0.496）。这些结论与本书的理论分析相符。

表 6 – 6 内衍变量和外衍变量之间的直接效应、间接效应和总效应

路径	直接效应	间接效应	总效应
GB ← ST	0.517	—	0.517
GP ← ST	0.150	0.346	0.496
GB ← OS	0.343	0.284	0.627
GP ← OS	0.257	0.503	0.760

路径	直接效应	间接效应	总效应
$ST \leftarrow OS$	0.551	—	0.551
$GP \leftarrow GB$	0.669	—	0.669

注：总效应 = 直接效应 + 间接效应。

（五）分群组的结构方程检验

本书选取农户的农业收入水平作为多群组分析调节变量，并在多群组分析时进行参数限制以找到最适配的路径模型。比较分析预设模型（即对模型不做任何参数限制）、测量系数相等模型、结构系数相等模型、结构协方差相等模型和结构残差相等模型的结构适配度，最终选择测量系数相等模型作为多群组分析模型。多群组的 CFI 最小值是 0.930，高于 0.9 的标准值；GFI 最小值是 0.824，高于 0.8 的可接受水平；RMSEA 最大值是 0.035，小于适配临界值 0.05。这说明本书的多群组分析模型与样本数据有良好的适配度。多群组分析模型的估计结果见表 6 - 7。

表 6 - 7 多群组分析模型的估计结果

路径	低农业收入	中低农业收入	中等农业收入	中高农业收入	高农业收入
假说 6 - 1：$GB \leftarrow ST$	0.467***	0.438***	0.502***	0.492***	0.616***
假说 6 - 2：$GP \leftarrow ST$	0.060	0.118	0.197**	0.180**	0.271***
假说 6 - 3：$GB \leftarrow OS$	0.443***	0.401***	0.275***	0.367***	0.224**
假说 6 - 4：$GP \leftarrow OS$	0.440***	0.205***	0.155*	0.253***	0.303***
假说 6 - 5：$ST \leftarrow OS$	0.615***	0.452***	0.604***	0.465***	0.602***
假说 6 - 6：$GP \leftarrow GB$	0.635***	0.738***	0.686***	0.633***	0.574***

注：*、**、***分别表示10%、5%、1%的显著性水平；表中路径系数为标准化估计系数，路径假说 6 - 1 到假说 6 - 6 与前文假说及表 6 - 5 中假说基本一致。

从表 6 - 7 可以看出，分组样本与全部样本的分析结果大体类似，具体如下。

第一，社会信任对农户参与农田灌溉系统治理行为的影响方面（假说 6 – 1）。不同农业收入水平的农户的社会信任对其参与农田灌溉系统治理行为的影响均通过了检验，且高农业收入农户的社会信任对其参与农田灌溉系统治理行为影响最为显著（$\beta = 0.616$，p 值 < 1%）。可能的解释是，高农业收入农户对灌溉的依赖性很强，则对农田灌溉系统的依赖程度最高，并且参与农田灌溉系统治理的能力也最强，同时，较高的经济地位使其搭便车感受到的社会压力较大，因此他们更倾向于采取参与农田灌溉系统治理行为。

第二，社会信任对农户参与农田灌溉系统治理间接绩效的影响方面（假说 6 – 2）。高农业收入农户的社会信任对其参与农田灌溉系统治理间接绩效的影响最显著（$\beta = 0.271$，p 值 < 1%）。可能的解释是，相比较低农业收入农户，高农业收入农户对农田灌溉系统的依赖性更强，也有更强的经济实力为农田灌溉系统治理做出贡献，且在农田灌溉系统治理中更易起到示范带头作用，影响灌溉用水的管理和分配，因此他们对农田灌溉系统治理间接绩效的影响最大。而低农业收入农户和中低农业收入农户的社会信任对间接绩效的影响均未通过检验，有待以后进一步研究。

第三，组织支持对农户参与农田灌溉系统治理行为的影响方面（假说 6 – 3）。不同农业收入水平农户获得的组织支持对其参与农田灌溉系统治理行为的影响均通过了检验，且低农业收入农户获得的组织支持对其参与农田灌溉系统治理行为的影响最为显著（$\beta = 0.443$，p 值 < 1%），高农业收入农户的影响最小。可能的解释是，低农业收入农户对农田灌溉系统较低的依赖性或有限的参与能力，导致其参与农田灌溉系统治理的积极性较差，而组织支持在很大程度上激发了农户参与农田灌溉系统治理的积极性，因此对其参与农田灌溉系统治理行为的影响更为显著。而高农业收入农户对农田灌溉系统较高的依赖性决定了其积极的参与

倾向,因此组织支持对其参与农田灌溉系统治理行为的影响较小。

第四,组织支持对农户参与农田灌溉系统治理间接绩效的影响方面(假说 6-4)。不同农业收入水平农户获得的组织支持对其参与农田灌溉系统治理间接绩效的影响均通过了检验,且低农业收入农户获得的组织支持对其参与农田灌溉系统治理间接绩效的影响最为显著($\beta = 0.440$,p 值 $< 1\%$)。可能的解释是,低农业收入农户所拥有的农业资源较为匮乏,在参与农田灌溉系统治理的过程中对组织支持的依赖性较强,较低的经营转换成本使其更愿意根据组织支持与政策引导及时调整生产经营策略和参与农田灌溉系统治理行为,从而有利于间接绩效的有效提升。

第五,农户获得的组织支持对其社会信任的影响方面(假说 6-5)。不同农业收入农户获得的组织支持对其社会信任的影响均通过了检验,其中,低农业收入农户获得的组织支持对其社会信任的影响最为显著($\beta = 0.615$,p 值 $< 1\%$)。可能的解释是,低农业收入农户中社会信任低的农户所占比例较高,而从组织获得的情感支持和工具支持能有效促进其与村组织及其他成员的交流和合作,并增强彼此的信任感,进而实现社会信任的有效积累。

第六,农户参与农田灌溉系统治理行为对间接绩效的影响方面(假说 6-6)。不同农业收入水平的农户参与农田灌溉系统治理行为对间接绩效的影响均通过了检验,且中低农业收入农户参与农田灌溉系统治理行为对间接绩效的影响最大($\beta = 0.738$,p 值 $< 1\%$)。可能的解释是,中低农业收入农户进行农业生产经营的收入为供应自家口粮或满足家庭基本生活的支出较多,参与农田灌溉系统治理对其农业生产经营的影响较大,进而对其生活造成影响,且其不具备充足的经济实力,像更高农业收入农户一样实现部分灌溉设施的自我供给,因此他们倾向于选择积极参与农田灌溉系统治理来实现有效灌溉,从而使得其治理行为对间接绩

效的影响较大。

四　本章小结

本章利用结构方程模型，分析了社会信任和组织支持对农户参与农田灌溉系统治理行为和间接绩效的影响，主要结论如下。

（1）在农户参与农田灌溉系统治理间接绩效变量中，灌溉用水的供给充足程度最高，灌溉用水的分配公平程度较高，而灌溉用水的供给可靠程度是最低的。

（2）社会信任和组织支持对农户参与农田灌溉系统治理行为和间接绩效的影响中，从直接效应来看，对农户参与农田灌溉系统治理行为影响最大的变量是社会信任，其次是组织支持；对农户参与农田灌溉系统治理间接绩效影响最大的变量是农户参与农田灌溉系统治理行为，其次是组织支持，影响最小的是社会信任。从间接效应来看，对农户参与农田灌溉系统间接绩效影响最大的变量是组织支持，其次是社会信任。从总效应来看，对农户参与农田灌溉系统治理行为影响最大的变量是组织支持，其次是社会信任；对农户参与农田灌溉系统间接绩效影响最大的变量是组织支持，其次是农户参与农田灌溉系统治理行为，影响最小的是社会信任。

（3）以农户农业收入水平作为模型调节变量，对社会信任和组织支持对农户参与农田灌溉系统治理行为和间接绩效的影响进行多群组分析，结果表明，高农业收入农户的社会信任对其参与农田灌溉系统治理行为和间接绩效的影响最为显著，而低农业收入农户获得的组织支持对其参与农田灌溉系统治理行为和间接绩效的影响最为显著，且低农业收入农户获得的组织支持对其社会信任的影响最为显著，中低农业收入农户参与农田灌溉系统治理行为对间接绩效的影响最为显著。

第七章

社会信任、组织支持对农户参与农田灌溉系统治理最终绩效的影响

农田灌溉系统治理绩效最终体现的是农业产出水平的提升，内蒙古和宁夏种植的农作物主要包括粮食作物和经济作物，因此，农业产出水平用粮食作物和经济作物的单产进行表征。基于此，本章从社会信任和组织支持视角，运用内蒙古和宁夏的微观农户调研数据，采用普通最小二乘法和分位数回归，探析了社会信任和组织支持对粮食作物单产和经济作物单产的影响，并采用层级回归，探索了社会信任在组织支持影响最终绩效过程中的中介效应，为提升农田灌溉系统的服务效果提供理论依据和实证参考。

一　理论分析与研究假说

（一）社会信任对农户参与农田灌溉系统治理行为及最终绩效的影响

在干旱地区，农业生产主要依赖灌溉，而农户参与农田灌溉系统管护治理集体行动则是灌溉设施良好和有效灌溉的重要保障。如何实现管护治理集体行动的成功，国内外学者进行了很多探索，而社会信任作为一种非正式制度在集体行动中的突出作用

得到了一致肯定。首先，社会信任可以促进农户之间的信息共享，降低农户的信息搜寻成本（韩雅清等，2017），从而影响其参与农田灌溉系统治理行为。尤其是在农村地区，以地缘和亲缘为基础建立的人际关系是农户获取信息的主要渠道，相互信任的农户更愿意进行信息沟通与交流，提高了信息的传递效率，有助于实现农户对管护治理集体行动和灌溉过程的有效监督，从而保障管护治理集体行动的成功以及农户灌溉权利的实现。同时，在农业生产过程中，社会信任还有助于农户进行农业生产技术和信息的共享，提升农户农业生产技能，最终作用于粮食作物和经济作物产量的提升。其次，社会信任可以通过合作机制影响农户个体的参与行为（何可等，2015）。农户之间的相互信任和情感认同能促进双方的交流合作，有利于双方产生更多的互惠行为，并形成风险共担和利益共享机制（李艳霞，2014），从而实现农田灌溉系统管护治理集体行动的达成。而有效的治理是实现灌溉的基础，对农户粮食作物和经济作物生产有积极影响。最后，社会信任可以通过约束机制影响农户的个人行为（翟学伟，2014）。农村社区中，社会信任是农户重要的社会货币，会对农户的行为形成一种软约束，从而有效避免农户在管护治理集体行动中的搭便车行为，提高灌溉设施的质量并实现有效灌溉，从而提高农业产出水平。因此，本书提出以下假说。

假说7-1：社会信任对农户参与农田灌溉系统治理行为有积极影响。

假说7-2：社会信任对农户参与农田灌溉系统治理最终绩效有积极影响。

作为农户参与农田灌溉系统治理最终绩效，农业产出水平包括粮食作物单产和经济作物单产，因此，假说7-2可以进一步细分为以下两个假说。

假说7-2a：社会信任对农户参与农田灌溉系统治理中的粮

食作物单产有积极影响。

假说 7 - 2b: 社会信任对农户参与农田灌溉系统治理中的经济作物单产有积极影响。

（二）组织支持对农户参与农田灌溉系统治理行为及最终绩效的影响

组织支持能有效提升农户心理幸福感（孙健敏等，2015），农户会将感知到的组织支持转变为不同的"货币交换"（Tavares et al.，2016），比如表现出更高的管护治理参与度和更积极的组织公民行为，从而有效促进灌溉设施的维护和供水状况的改善，并最终作用于农业产出水平的提升。村组织对农户的支持包括情感支持和工具支持（杨柳等，2018a，2018b），其中，村组织的情感支持会影响农户心理契约的达成，感受到情感支持的农户将增强对组织的认可，并采取积极的行为来回报组织。在农户参与农田灌溉系统治理过程中，当农户感知到村组织在自己使用、管护灌溉设施时给予充分的尊重和重视，其便会增加对村组织的认可，愿意积极参与管护治理集体行动，从而保障农业生产的有效灌溉，最终提升农业产出水平。一方面，村组织的工具支持能有效减小农户在治理过程中的资金自投入压力，而农户投入压力越小，就越有可能积极参与农田灌溉系统的管理和维护（刘红梅等，2008）。在互帮互助的农村社区里，农户的共同努力会使农田灌溉系统的治理绩效远远大于个体农户的治理绩效总和，这也就促使农户更愿意参与农田灌溉系统管护治理集体行动，从而实现较高的治理绩效。另一方面，村组织的工具支持会使农户感受到村组织对其参与农田灌溉系统治理的重视，增强农户对村组织的认可，激发农户参与治理的积极性。同时，村组织在治理和灌溉过程中提供的设施、人员和信息支持，能促进农户实现有效灌溉，从而提升最终的农业产出水平。因此，本书提出以下假说。

假说 7 - 3：组织支持对农户参与农田灌溉系统治理行为有积极影响。

假说 7 - 4：组织支持对农户参与农田灌溉系统治理最终绩效有积极影响。

作为农户参与农田灌溉系统治理最终绩效，农业产出水平包括粮食作物单产和经济作物单产，因此，假说 7 - 4 可以进一步细分为以下两个假说。

假说 7 - 4a：组织支持对农户参与农田灌溉系统治理中的粮食作物单产有积极影响。

假说 7 - 4b：组织支持对农户参与农田灌溉系统治理中的经济作物单产有积极影响。

（三）社会信任在组织支持影响农户参与农田灌溉系统治理行为及最终绩效中的中介效应

在影响农户参与农田灌溉系统治理绩效的过程中，社会信任与组织支持并不是独立发挥作用，组织支持可以通过社会信任对农业产出水平产生影响。一方面，村组织的情感支持有助于满足农户的心理需求和社会需求，能有效促进农户与农户之间，以及农户与村组织之间的沟通交流，从而增强彼此的信任感（杨柳等，2018a，2018b）。另一方面，村组织为农户提供的灌溉设施、人员和信息等工具支持有助于农户实现有效灌溉，在提升农业产出水平的同时增强农户对村组织的认同和信任。而当农户之间的信任程度提高时，农户为了维护自身的信誉，会尽量避免在参与农田灌溉系统治理集体行动中采取搭便车行为，从而促进集体行动的成功，保障有效灌溉并最终提升农业产出水平。而当农户信任村组织时，农户会认为村干部将会为村集体谋取更多利益，无论是从政府那里争取农田灌溉系统建管护补贴，还是为农户争取农业技术和培训方面的指导，都能有效地促进农户的农业生产，农户也愿意在村干部带领下参与管护治理集体行动并保障灌溉的公平有效，最终提升农业产出水平。因此，本书提出如下假说。

假说7-5：社会信任在组织支持影响农户参与农田灌溉系统治理行为的关系中具有中介效应。

假说7-6：社会信任在组织支持影响农户参与农田灌溉系统治理最终绩效的关系中具有中介效应。

作为农户参与农田灌溉系统治理最终绩效，农业产出水平包括粮食作物单产和经济作物单产，因此，假说7-6可以进一步细分为以下两个假说。

假说7-6a：社会信任在组织支持影响粮食作物单产的关系中具有中介效应。

假说7-6b：社会信任在组织支持影响经济作物单产的关系中具有中介效应。

二　变量定义与模型构建

（一）变量定义与描述性统计

为分析粮食作物和经济作物单产的影响因素，除了主要考察的社会信任和组织支持变量外，设置的控制变量为农户个体特征和家庭特征，以及生产要素投入。农户的社会信任和组织支持的变量定义见第四章，此处不再赘述。其他指标选择和操作性定义如下。

粮食作物单产：以每公顷粮食作物的产量来代表，其中粮食作物包括小麦、水稻、玉米、大豆以及其他谷物。由表7-1可知，粮食作物单产均值为7856.341千克/公顷，单产较高，可能的原因是，调研区域均采用渠灌方式从黄河引水灌溉，而有效的灌溉是粮食作物高产的关键。

经济作物单产：以每公顷经济作物的产量来代表，其中经济作物包括油料作物（如花生、油菜、向日葵）、糖料作物（如甘蔗、甜菜）、纤维作物（如棉、麻）、三料（饮料、香料、调料）作物、水果、蔬菜和其他经济作物等。由表 7 - 1 可知，经济作物单产均值为 13558.320 千克/公顷，比粮食作物单产要高很多，可能的原因是，宁夏有较多农户种植西红柿，而西红柿每公顷的产量可达 15 万千克，从而提升了经济作物的单产。

农户个体特征和家庭特征：农户是粮食作物和经济作物生产的主体，户主或决策者特征以及家庭特征直接影响到农户的农业生产情况。个体特征主要包括户主（或决策者）的性别，男性为 1，女性为 0；年龄，以实际年龄（周岁）衡量；受教育程度，小学及以下赋值为 1、初中赋值为 2、高中或中专赋值为 3、大专赋值为 4、本科及以上赋值为 5；健康状况，"很差"—"很健康"依次赋值为 1 ~ 5 的整数。家庭特征包括家中是否有村干部，有赋值为 1，没有赋值为 0；家庭农业劳动力数，包括兼业状态的劳动力；耕地质量，很差赋值为 1、较差赋值为 2、一般赋值为 3、较好赋值为 4、很好赋值为 5。由表 7 - 1 可知，男性户主（或决策者）居多，年龄偏大且受教育程度普遍较低，家中有村干部的农户占到 19.2%，家中农业劳动力数约为 3 人，耕地质量一般。

生产要素投入：无论是粮食作物还是经济作物的种植，生产要素投入对其生产都具有重要作用，本书主要考察每公顷粮食作物或经济作物种子、化肥、农药和机械投入的影响。由表 7 - 1 可知，经济作物每公顷的种子、化肥和农药投入均高于粮食作物，与之相反的是，机械投入则比粮食作物低。可能的原因是，经济作物通常具有经济价值高、技术要求高和商品率高等特点，种子对其产出有关键性的影响，农户为了获取较高的产出，也会在经济作物种植过程中投入较多的化肥和农药。而在经济作物的机械投入方面，内蒙古的向日葵和葫芦等经济作物生产规模较大，为降低生产成本，很多家庭拥有农用机械，在机械使用方面只需要进行燃料投入；宁夏的西红柿和韭菜等经济作物生产则较为集中，对农用机械的使用也较少，而粮食作物的种植多集中在宁夏，由于种植规模较小，很多家庭并没有自有农用机械，需要在生产过程中购买农业生产性服务，这也就提高了粮食作物生产过程中的机械投入费用。

表7-1　变量定义及描述性统计

变量	单位	均值	标准差	最小值	最大值
农业产出水平					
粮食作物单产 yield_grain	千克/公顷	7856.341	1591.500	2066.667	10000
经济作物单产 yield_cash	千克/公顷	13558.320	34163.340	1350	150000
农户个体特征和家庭特征					
性别 gender	—	0.633	0.482	0	1
年龄 age	岁	53.789	9.997	19	83
受教育程度 education	—	1.534	0.644	1	5
健康状况 health	—	3.788	1.009	1	5
家中是否有村干部 leader-ship	—	0.192	0.394	0	1
家庭农业劳动力数 labor	人	2.957	1.254	1	7
耕地质量 quality	—	3.133	0.701	1	5
粮食作物生产要素投入					
种子投入 seed_grain	元/公顷	1391.723	578.687	90	2520
化肥投入 fertilizer_grain	元/公顷	3244.635	1164.784	225	9000
农药投入 pesticide_grain	元/公顷	648.759	416.091	70	1500
机械投入 machinery_grain	元/公顷	1549.899	846.996	150	3500
经济作物生产要素投入					
种子投入 seed_cash	元/公顷	4475.326	7268.043	166.667	60000
化肥投入 fertilizer_cash	元/公顷	4480.297	8226.339	266.667	117000
农药投入 pesticide_cash	元/公顷	1682.619	4968.726	30	52500
机械投入 machinery_cash	元/公顷	872.363	695.16	41.667	7500

（二）社会信任、组织支持对最终绩效影响的模型构建与估计方法

根据上述分析，建立本章的计量经济模型，具体形式为：

$$\begin{aligned}
\mathrm{Ln}yield_i = {} & \beta_0 + \beta_1\,trust_i + \beta_2\,support_i + \beta_3\,gender_i + \beta_4\,age_i + \\
& \beta_5\,education_i + \beta_6\,health_i + \beta_7\,leadership_i + \beta_8\,labor_i + \\
& \beta_9\,quality_i + \beta_{10}\,\mathrm{Ln}seed_i + \beta_{11}\,\mathrm{Ln}fertilizer_i + \\
& \beta_{12}\,\mathrm{Ln}pesticide_i + \beta_{13}\,\mathrm{Ln}machinery_i + \varepsilon_i
\end{aligned} \tag{7-1}$$

其中，$yield$ 表示粮食作物或者经济作物的单产，$trust$ 为农户的社会信任，$support$ 为农户感知的从村组织获得的支持。农户个体特征和家庭特征变量中，$gender$ 为户主（或决策者）性别；age 为户主（或决策者）年龄；$education$ 为户主（或决策者）受教育程度；$health$ 为户主（或决策者）的健康状况；$leadership$ 为家中是否有村干部；$labor$ 为家庭农业劳动力数；$quality$ 为耕地质量。生产要素投入变量中，$seed$ 为农户在种植粮食作物或者经济作物过程中的种子投入，$fertilizer$ 为化肥投入，$pesticide$ 为农药投入，$machinery$ 为机械投入。β_i（$i=0,1,\cdots,13$）为方程回归参数，ε_i 为随机误差项。

本书采用普通最小二乘法（OLS）对式（7-1）估计。为分析不同分位数上粮食作物产量和经济作物产量的影响因素，构建分位数回归模型：

$$Quant_\tau(\mathrm{Ln}yield_i \mid X_i) = X_i\beta_\tau \tag{7-2}$$

式（7-2）中，X_i 表示式（7-1）中的解释变量，β_τ 是系数向量，$Quant_\tau(\,\cdot\,)$ 代表 $\mathrm{Ln}yield$ 在给定 X 和分位数 τ（$0<\tau<1$）时相对应的条件分位数。参数的估计用最小化绝对离差来得到：

$$\beta_\tau = \min_\beta \left\{ \sum_{\mathrm{Ln}yield_i \geqslant X_i\beta} \tau \mid \mathrm{Ln}yield_i - X_i\beta \mid + \sum_{\mathrm{Ln}yield_i < X_i\beta} (1-\tau) \mid \mathrm{Ln}yield_i - X_i\beta \mid \right\}$$
$$\tag{7-3}$$

本书中，分别将 τ 取值为 0.10、0.25、0.50、0.75、0.90 这五个具有代表性的分位数来分析农户参与农田灌溉系统治理最终绩效的影响因素。值得注意的是，普通最小二乘法是以均值为基准，分位数回归以分位数为基准，强调条件分位数的变化，并分析相应解释变量与被解释变量分位数间的线性关系。若数据有尖峰或者厚尾分布、异方差显著等情况时，普通最小二乘法便不太稳健，并不具备优势，但分位数回归由于需要的误差项假设条件较少，非正态分布情况存在时，分位数回归较为稳健。普通最小二乘法假设解释变量只对被解释变量的条件分布均值产生影响，但是，分位数回归可以估计解释变量如何影响被解释变量的条件分布形状。同时，分位数回归对异常值不敏感和具备单调同变性，比普通最小二乘法更有利。

本章在分析社会信任和组织支持对农户参与农田灌溉系统治理行为的影响方面，所使用的分析方法为 Binary Logit 模型，与第五章相同，此处不再赘述。同时，社会信任在组织支持对农户参与农田灌溉系统治理最终绩效关系中的中介效应的检验方法与第五章相同，此处不再赘述。

三　社会信任、组织支持对最终绩效影响的模型回归结果

（一）社会信任、组织支持对农户参与农田灌溉系统治理行为的影响

Binary Logit 模型回归结果见表 7－2，共包含 4 个模型，模型的被解释变量分别为农户参与农田灌溉系统治理过程中的投资行为、监督行为、管理行为和维护行为。回归结果显示，社会信任和组织支持对农户参与农田灌溉系统治理行为均具有积极作用，

假说 7 – 1 和假说 7 – 3 得到了证实。虽然本章所使用的控制变量与第五章有所差异，但是社会信任和组织支持均对农户参与农田灌溉系统治理行为有显著积极影响。在第五章中已对可能的原因进行了阐述，此处不再赘述。

表 7 – 2　Binary Logit 模型回归结果

	投资行为 （模型 7 – 1）	监督行为 （模型 7 – 2）	管理行为 （模型 7 – 3）	维护行为 （模型 7 – 4）
trust	0.891*** (0.114)	0.875*** (0.112)	0.706*** (0.107)	0.997*** (0.132)
support	0.587*** (0.116)	0.751*** (0.116)	0.719*** (0.114)	0.674*** (0.135)
常数项	3.163*** (0.885)	1.606* (0.837)	1.687** (0.838)	3.986*** (1.034)
样本量	772	772	772	772
伪 R^2	0.2396	0.2628	0.2178	0.2938
LR chi^2	197.44	233.21	187.62	204.71
Prob > chi^2	0.0000	0.0000	0.0000	0.0000

注：*、**、***分别表示10%、5%、1%的显著性水平；括号中为标准误。控制变量包括个体特征和家庭特征，限于篇幅，未予汇报。

（二）粮食作物单产影响因素回归结果

利用普通最小二乘法和分位数回归进行估计，得到了粮食作物单产影响因素的回归结果（见表 7 – 3）。本书拟合得到的分位数为 0.10、0.25、0.50、0.75、0.90 的回归结果，图 7 – 1 绘制的是模型估计得出的参数随不同分位数的变化。由两种方法的回归结果可知，社会信任和组织支持对粮食作物单产具有显著正向影响；个体特征和家庭特征中，户主（或决策者）健康状况、家庭农业劳动力数以及耕地质量显著正向影响粮食作物单产；农户粮食生产要素投入中，种子、农药和机械的投入对粮食作物单产有显著正向影响。

表7-3 粮食作物单产影响因素的模型回归结果

变量	OLS (模型7-5)	分位数回归（模型7-6）				
		0.10	0.25	0.50	0.75	0.90
trust	0.068*** (0.011)	0.128*** (0.028)	0.086*** (0.023)	0.036** (0.015)	0.006 (0.012)	0.007 (0.008)
support	0.039*** (0.011)	0.071** (0.035)	0.052** (0.026)	0.020*** (0.007)	0.013 (0.011)	0.013 (0.010)
gender	0.005 (0.020)	-0.027 (0.047)	0.026 (0.024)	0.016 (0.016)	0.009 (0.015)	0.001 (0.015)
age	0.0004 (0.001)	0.0003 (0.002)	-0.0003 (0.001)	-0.00004 (0.001)	0.0002 (0.001)	-0.0002 (0.001)
education	-0.022 (0.015)	-0.021 (0.028)	-0.029 (0.023)	-0.030*** (0.010)	-0.023 (0.015)	0.001 (0.011)
health	0.019* (0.010)	0.062** (0.026)	0.020 (0.018)	0.005 (0.011)	0.002 (0.007)	0.007 (0.008)
leadership	-0.023 (0.024)	-0.040 (0.074)	-0.061* (0.036)	-0.014 (0.016)	-0.006 (0.012)	0.002 (0.011)
labor	0.021*** (0.007)	0.016 (0.022)	0.021* (0.011)	0.014** (0.007)	0.012** (0.006)	0.008 (0.006)
quality	0.052*** (0.013)	0.072** (0.033)	0.048** (0.022)	0.032*** (0.011)	0.015 (0.011)	0.016** (0.008)
seed_grain	0.042** (0.017)	0.026 (0.033)	0.037 (0.039)	0.004 (0.014)	0.016** (0.007)	0.016 (0.012)
fertilizer_ grain	0.041 (0.025)	0.083 (0.061)	0.049 (0.040)	0.044* (0.026)	0.029 (0.023)	0.001 (0.018)
pesticide_ grain	0.033** (0.014)	0.046 (0.037)	0.017 (0.020)	0.012 (0.010)	0.014* (0.009)	0.017* (0.009)
machinery_ grain	0.033** (0.014)	0.056 (0.036)	0.021 (0.027)	0.018** (0.009)	0.020* (0.011)	0.013 (0.011)
常数项	7.585*** (0.233)	6.639*** (0.833)	7.693*** (0.474)	8.300*** (0.215)	8.446*** (0.244)	8.741*** (0.175)
观察值	619	619	619	619	619	619
伪 R^2	0.2421	0.2784	0.1199	0.0526	0.0255	0.0458

注：* 、** 、*** 分别表示10%、5%、1%的显著性水平；括号中为标准误。

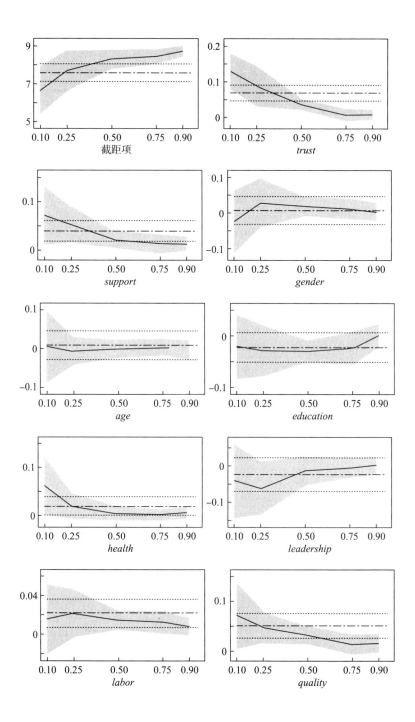

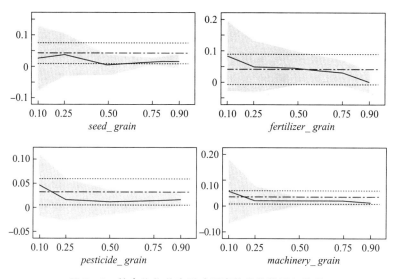

图 7 – 1 粮食作物单产影响因素的分位数回归结果

1. 社会信任对粮食作物单产的影响

社会信任（*trust*）对粮食作物单产的影响方面，就普通最小二乘法回归结果来看，社会信任的弹性系数为 0.068，且在 1% 的显著性水平下通过了检验，说明农户的社会信任对粮食作物单产具有积极影响，且农户的社会信任上升 1%，粮食作物单产平均上升 0.068%。从分位数回归结果来看，在不同分位数上，社会信任对粮食作物单产都有积极影响，假说 7 – 2a 得到了证实。在分位数为 0.10、0.25 和 0.50 时，社会信任对粮食作物单产的影响均通过了显著性检验，分位数达到 0.75 之后，影响不显著。随着分位数的上升，社会信任的弹性系数大致呈现减小的趋势。可能的原因是，人际信任能增强农户与他人的沟通交流，便于农户获取更全面的灌溉和种植信息，而制度信任能增强农户对村组织的认同，促使农户在村干部的领导下进行灌溉渠道管理和维护等治理工作，有利于保障农户的灌溉权利的实现，从而提高粮食作物产量。但社会信任在粮食作物产量较高时弹性系数则比较小，可能的原因是，较高的粮食作物单产是农户精耕细作的结果，需要农户在获得灌溉的同时，投入较多的技术和资本，在这种情况下，社会信任仍然有助于农户获取完善的信息，但其贡献程度随着技术和资本等更重要的因素的作用增强而降低，加之种植粮食作物的农户在长期的农业生产中积累了较丰富的种植经验，而经验越丰富的农户在种植方面对他人信息的依赖程度也越低，且越容易通过精耕细作获得较高的粮食产出，这些因素共同导致了社会信任对较高粮食作物产量的影响较小。

2. 组织支持对粮食作物单产的影响

组织支持（support）对粮食作物单产的影响方面，就普通最小二乘法回归结果来看，组织支持的弹性系数为 0.039，且在 1% 的水平下显著，说明农户感知的组织支持对粮食作物单产具有积极影响，且农户感知的组织支持上升 1%，粮食作物单产平均提升 0.039%。从分位数回归结果来看，在不同分位数上，组织支持对粮食作物单产均有积极影响，假说 7-4a 得到了证实。在分位数为 0.10、0.25 和 0.50 时，组织支持对粮食作物单产的影响均通过了显著性检验，分位数达到 0.75 之后，影响不显著。随着分位数的上升，组织支持的弹性系数大致呈现减小的趋势。可能的原因是，情感支持能增强农户对村组织的认可，工具支持能保障农户的灌溉权利的实现，得到组织支持的农户更倾向于在村干部的领导下参与管护治理集体行动，为粮食作物的有效灌溉提供良好保障，而有效的灌溉则对粮食作物产量的提升具有重要作用。但组织支持在粮食作物产量较高时弹性系数则比较小，可能的原因是，组织支持为农户粮食生产提供了有力保障，但若要进一步提高粮食作物单产则需要农户投入更多的精力进行精细化生产，也需要投入更多技术和资本来突破粮食高产瓶颈，在这种情况下，组织支持的作用仍然很重要，但是其对粮食作物单产提高的贡献则越发有限，影响也逐渐减小。

3. 农户个体特征和家庭特征对粮食作物单产的影响

在农户个体特征变量中，性别（gender）对粮食作物单产的影响基本为正，说明在农村进行粮食生产的仍然是男性居多，这和农业生产过程中的重体力劳动有密切关系，男性在体力方面的优势使得他们对粮食作物单产的影响更大。年龄（*age*）对粮食作物单产的影响不显著，且在不同分位数上变化不大。受教育程度（*education*）对粮食作物单产的影响基本为负，且在分位数为0.50时通过了1%水平下的显著性检验，可能的原因是，在农村进行粮食生产的农户大多数受教育程度较低，受教育程度越高的农户跳出粮食生产而外出务工，或者进入其他产业的能力更强，即使进行粮食生产也大多是兼业生产，在粮食生产过程中投入的时间和精力都很有限，进而对粮食作物单产形成负向影响。健康状况（*health*）对粮食作物单产有积极的影响，且在分位数为0.10时通过了5%水平下的显著性检验，可能的原因是，粮食生产过程中需要投入大量的劳动，尤其是对未实现机械生产的农户而言，则需要投入的劳动更多，而越健康的农户越能在粮食生产过程中投入更多的精力，促进粮食产量提升。

在农户家庭特征变量中，家中有村干部对粮食作物单产的影响基本为负，且在分位数为0.25时通过了10%水平下的显著性检验，可能的原因是，家中有村干部的家庭社会资本较为丰富，有较多的渠道提升家庭收入，兼业进行粮食生产的家庭较多，在粮食生产方面投入的精力也有限，难以达到较高的粮食作物单产。家庭农业劳动力数（*labor*）对粮食作物单产有积极的影响，且在分位数为0.25、0.50和0.75时通过了显著性检验，可能的原因是，家中农业劳动力越多，在粮食生产中能够投入的精力就越大，越有可能进行粮食生产的精耕细作，从而实现粮食作物高产。耕地质量（*quality*）对粮食作物单产有积极的影响，且在分位数为0.10、0.25、0.50和0.90时通过了显著性检验，并随着分位数的上升，耕地质量的弹性系数大致呈现减小的趋势，可能的原因是，耕地质量是粮食作物单产重要的决定因素，质量较高的耕地能为粮食生产提供天然的有利条件，促进粮食作物高产，而随着粮食作物产量的提高，耕地质量对粮食作物单产的贡献也在减小。

4. 生产要素投入对粮食作物单产的影响

在生产要素投入方面，种子投入（seed_grain）对粮食作物单产有积极的影响，在分位数为 0.75 时通过了 5% 水平下的显著性检验，且随着分位数的上升，种子投入的弹性系数大致呈现先上升后下降的趋势，可能的原因是，种子品质的优劣以及投入的多少对粮食产量影响较大，种子品质越好，在种植密度合理的情况下投入越多，粮食作物单产越高；但种子投入太多，种植密度过高，就会削弱种子对粮食作物单产的促进作用。

化肥投入（fertilizer_grain）对粮食作物单产有积极影响，在分位数为 0.50 时通过了 10% 水平下的显著性检验，随着分位数的上升，化肥投入的弹性系数呈现下降的趋势，可能的原因是，当粮食作物单产较低时，化肥的使用能有效促进产量的提升；而当粮食作物单产较高时，如果不进行技术的革新或者品种的变革，单就增加化肥使用量来看，很难再对粮食作物单产的增加做出较大贡献。

农药投入（pesticide_grain）对粮食作物单产有积极影响，在分位数为 0.75 和 0.90 时影响显著，随着分位数的上升，农药投入的弹性系数大致呈现先下降后上升的趋势，可能的原因是，农药的使用能够有效解决粮食生产过程中的病虫害问题，对提升粮食作物单产有积极作用。但随着粮食作物单产的提升，农药的贡献也将逐步降低，而在高分位数处，可能是投入了较为昂贵的农药，其效果较好，因此农药对粮食作物单产的贡献有了微弱提升。

机械投入（machinery_grain）对粮食作物单产有积极影响，在分位数为 0.50 和 0.75 时通过了显著性检验，且随着分位数的上升，机械投入的弹性系数大致呈现下降的趋势，可能的原因是，农业机械的使用虽然节省了人力，但其操作不如人力精细，而人力精细的照料更有利于粮食高产，机械对粮食作物单产的影响也因此大致呈现下降趋势。

（三）经济作物单产影响因素回归结果

利用普通最小二乘法和分位数回归进行估计，得到了经济作物单产影响因素的回归结果（见表 7 - 4）。本书拟合得到的分位数为 0.10、0.25、0.50、0.75、0.90 的回归结果，图 7 - 2 绘制的是模型估计得出的参数随不同分位数的变化。由两种方法的回归结果可知，社会信任和组织支持对经济作物单产具有显著正向影响；个体特征和家庭特征中，户主（或决策者）性别和家庭农业劳动力数对经济作物单产有显著积极影响；农户经济作物生产要素投入情况中，种子、化肥、农药和机械的投入对经济作物单产有显著积极影响。

1. 社会信任对经济作物单产的影响

社会信任（*trust*）对经济作物单产的影响方面，就普通最小二乘法回归结果来看，社会信任的弹性系数为 0.116，且在 5% 的水平下显著，说明农户的社会信任对经济作物单产具有积极影响，农户的社会信任上升 1%，经济作物单产平均上升 0.116%。从分位数回归结果来看，在不同分位数上，社会信任对经济作物单产均有积极影响，假说 7 - 2b 得到了证实。在分位数为 0.10 和 0.25 时社会信任对经济作物单产的影响通过了显著性检验，且随着分位数的上升，社会信任的弹性系数大致呈现先下降后上升的趋势。可能的原因是，农户在种植经济作物方面普遍缺乏成熟经验，而农户对亲人、邻居和其他村民的信任可以促进农户与他人沟通交流，提升农户获取信息的充分性和完整性，而农户对管护制度和村干部的信任是其服从监管的体现，进而有利于其在村干部的带领下参与农田灌溉系统治理，保障其经济作物生产过程中的有效灌溉，从而提高经济作物产量。社会信任在经济作物产量较高时弹性系数比较大，可能的原因是，一方面，与粮食作物相同的是，经济作物的单产也需要精耕细作，而与粮食作物不同的是，经济作物对技术要求较高，很多农户由于种植时间较短缺乏相应经验，在社会信任的基础上，通过与他人沟通交流获取相应的信息和技术对经济作物生产有重要影响，也是提升经济作物单产的关键。另一方面，高产的经济作物，例如西红柿，对灌溉水的需求较大，而社会信任在促进农户参与农田灌溉系统治理和提升灌溉水利用率方面有重要作用，因而有利于促进经济作物高产。

2. 组织支持对经济作物单产的影响

组织支持（support）对经济作物单产影响方面，就普通最小二乘法回归结果来看，组织支持的弹性系数为 0.124，且在 1% 的水平下显著，说明组织支持对经济作物单产具有积极影响，组织支持上升 1%，经济作物单产平均上升 0.124%。从分位数回归结果来看，在不同分位数上，组织支持对经济作物单产均有积极影响，假说 7 - 4b 得到了证实。在分位数为 0.50 和 0.75 时组织支持对经济作物单产的影响通过了显著性检验，且随着分位数的上升，组织支持的弹性系数呈现逐渐上升的趋势。可能的原因是，组织的情感支持有利于提升农户对组织在情感上的认同，而组织的工具支持为农户实现有效灌溉提供了必要的设施、管理和信息支持，感受到组织支持的农户愿意做出互惠行为，在村干部的带领下参与农田灌溉系统治理，从而为经济作物生产提供有效的灌溉条件。同时，组织为农户搭建的沟通交流平台，有助于农户获取较为充分的灌溉和种植信息，避免农户种植经验不足而导致经济作物产量较低，这些均有利于促进经济作物单产的提高。组织支持对经济作物单产的影响随着经济作物单产的提高而逐渐增大，可能的原因是，单产较高的经济作物多为西红柿等对灌溉需求较多的作物，而组织支持为农户实现有效灌溉提供了良好的保障，因此对单产较高的经济作物有较大影响。

3. 农户个体特征和家庭特征对经济作物单产的影响

在农户个体特征变量中，性别（gender）对经济作物单产大多有积极影响，且在分位数为 0.50 和 0.75 时通过了显著性检验，可能的原因是，在内蒙古的经济作物多为向日葵，而且种植面积通常较大，需要进行机械操作，而能够使用农用机械的多为男性。在宁夏的经济作物多为西红柿，进行大棚种植的农户较多，在种植技术和劳动投入方面要求较高，胜任者也多为男性，因此男性对经济作物单产的影响较大。年龄（age）对经济作物单产的影响不显著，且在不同分位数上变化不大。受教育程度（education）对经济作物单产的影响随着分位数的上升由消极转变为积极，可能的原因是，随着经济作物单产的提升，农业生产对种植者技术的要求也越高，而受教育程度越高的农户在知识掌握和经验总结方面能力越强，也越容易在经济作物种植方面实现高产。健康状况（health）对经济作物单产有积极影响，且在分位数为 0.25 时通过了 5% 水平下的显著性检验，可能的原因是，健康状况良好时，农户在经济作物生产过程中有能力投入更多的精力进行精耕细作，更容易实现经济作物的高产。

在农户家庭特征变量中，家中有村干部对经济作物单产的影响随着分位数的上升由消极转变为积极，可能的原因是，村干部有更为丰富的社会资本，而经济作物的种植需要更多的渠道来获取相应技术和信息，因此家中有村干部的农户更有利于实现高产。家庭农业劳动力数（labor）对经济作物单产有积极的影响，且在分位数为 0.75 时通过了 5% 水平下的显著性检验，随着分位数的上升，家庭农业劳动力数的弹性系数大致呈现上升的趋势，可能的原因是，无论是在内蒙古大规模种植向日葵，还是在宁夏种植技术水平要求较高的西红柿，都需要投入大量的劳动力进行作物的培育和管护，家庭农业劳动力越多，在经济作物生产中投入的精力也越多，也越容易实现高产。耕地质量（quality）对经济作物单产有积极影响，且在分位数为 0.50 时通过了 10% 水平下的显著性检验，可能的原因是，耕地质量是经济作物生产的天然保障，更高质量的耕地能为作物的生长提供更为丰富的自然资源，更能促进经济作物的高产。

表 7 - 4　经济作物单产影响因素的模型回归结果

变量	OLS（模型 7 - 7）	分位数回归（模型 7 - 8）				
		0.10	0.25	0.50	0.75	0.90
trust	0.116**（0.046）	0.063**（0.032）	0.041***（0.015）	0.016（0.023）	0.093（0.059）	0.097（0.115）
support	0.124***（0.045）	0.017（0.032）	0.037（0.025）	0.054***（0.020）	0.088**（0.037）	0.089（0.097）
gender	0.145*（0.083）	0.003（0.061）	- 0.030（0.040）	0.077*（0.046）	0.179*（0.094）	- 0.002（0.192）
age	0.002（0.004）	- 0.002（0.003）	- 0.002（0.002）	0.001（0.002）	0.005（0.004）	- 0.001（0.009）
education	0.021（0.059）	- 0.054（0.055）	- 0.012（0.026）	- 0.021（0.034）	0.055（0.069）	0.207（0.137）
health	0.040（0.039）	0.026（0.031）	0.039**（0.017）	0.016（0.022）	0.064（0.050）	0.024（0.095）
leadership	- 0.008（0.109）	- 0.018（0.077）	0.023（0.054）	0.035（0.070）	0.139（0.160）	0.064（0.231）
labor	0.083***（0.031）	0.018（0.023）	0.019（0.014）	0.033（0.023）	0.064**（0.032）	0.063（0.053）
quality	0.064（0.060）	0.039（0.041）	0.047（0.035）	0.061*（0.033）	0.041（0.089）	0.013（0.161）
seed_cash	0.446***（0.063）	0.019（0.049）	0.030（0.046）	0.297***（0.100）	0.483***（0.088）	0.551***（0.119）
fertilizer_ cash	0.151**（0.071）	0.118*（0.069）	0.107*（0.055）	0.086（0.082）	0.178**（0.088）	0.047（0.130）

续表

变量	OLS (模型 7－7)	分位数回归（模型 7－8）				
		0.10	0.25	0.50	0.75	0.90
pesticide_ cash	0.150*** (0.047)	0.062 (0.038)	0.036 (0.033)	0.059 (0.041)	0.222*** (0.071)	0.315*** (0.097)
machinery_ cash	0.106* (0.061)	0.022 (0.038)	0.033 (0.040)	0.027 (0.036)	0.146 (0.111)	0.404* (0.219)
常数项	1.268** (0.598)	6.085*** (0.521)	6.187*** (0.543)	4.201*** (1.363)	0.128 (1.317)	－0.595 (1.130)
观察值	417	417	417	417	417	417
伪 R^2	0.4907	0.0798	0.0593	0.0715	0.2742	0.4724

注：*、**、*** 分别表示 10%、5%、1% 的显著性水平；括号中为标准误。

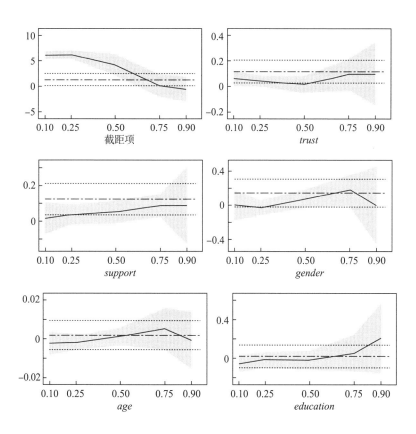

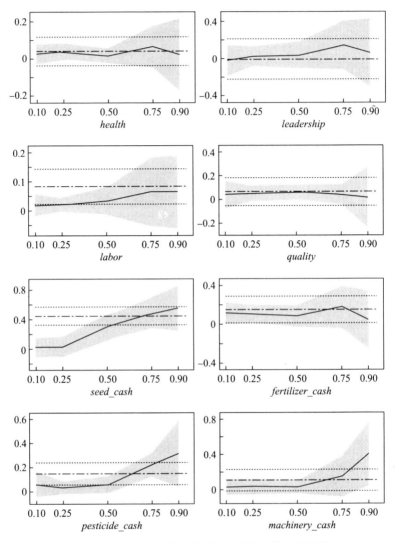

图 7 - 2　经济作物单产影响因素的分位数回归结果

4. 生产要素投入对经济作物单产的影响

在生产要素投入方面，种子投入（seed_cash）对经济作物单产有积极影响，在分位数为 0.50、0.75 和 0.90 时通过了显著性检验，且随着分位数的上升，种子投入的弹性系数呈现逐渐上升的趋势。可能的原因是，种子的品种决定了经济作物的单产区间，品种好的种子产量比较高，但相应价格也较高，例如西红柿产量随种子的不同而呈现较大的变化，产量从每公顷 6 万千克到 30 万千克不等，因此，品质优良的种子投入越多，对经济作物单产的影响也越大。

化肥投入（*fertilizer_cash*）对经济作物单产有积极影响，在分位数为 0.10、0.25 和 0.75 时通过了显著性检验，可能的原因是，化肥是经济作物生长过程中获取营养的重要渠道，尤其是当土地比较贫瘠时，化肥在促进经济作物产量提升方面作用更为显著。

农药投入（*pesticide_cash*）对经济作物单产有积极影响，在分位数为 0.75 和 0.90 时通过了显著性检验，随着分位数的上升，农药投入的弹性系数整体呈现上升的趋势。可能的原因是，农药的使用能有效减少经济作物生产过程中由病虫害而造成的损失，从而提高经济作物产量。经济作物单产较高的多为西红柿，而西红柿在生长过程中较其他经济作物而言，需要更多的农药来解决病虫害问题，因此，随着经济作物单产的增加，农药的影响作用逐渐上升。

机械投入（*machinery_cash*）对经济作物单产有积极影响，在分位数为 0.90 时通过了 10% 水平下的显著性检验，随着分位数的上升，机械投入的弹性系数整体呈现上升的趋势。可能的原因是，经济作物的集约化程度较高，大规模种植或精密技术投入的居多，在这种情况下，如果只靠人工进行作物的照料，无疑将超过单个农户的家庭承受范围，而机械的使用既可以降低劳动成本，又可以提高生产效率，也不至于因为劳动力短缺而延误最佳管护时期，从而实现经济作物的高产。

（四）社会信任在组织支持影响农户参与农田灌溉系统治理行为和最终绩效中的中介效应

为了验证社会信任在组织支持影响农户参与农田灌溉系统治理

行为和最终绩效中的中介效应，本书选取组织支持作为自变量，将农户参与农田灌溉系统治理行为、粮食作物单产和经济作物单产作为因变量，并按照 Baron 和 Kenny（1986）提出的判别中介变量的三个标准验证社会信任的中介效应，检验结果见表7-5和表7-6。

表7-5　社会信任在组织支持影响农户参与农田灌溉系统治理
行为中的中介效应检验

	社会信任 （模型7-9）		投资行为 （模型7-10）		投资行为 （模型7-11）	
	B	t 值	B	t 值	B	t 值
常数	-0.532**	-2.05	0.889***	7.63	0.969***	8.80
trust	—	—	—	—	0.150***	9.81
support	0.513***	16.51	0.165***	11.85	0.088***	5.75
R^2	0.2701		0.1624		0.2563	
调整 R^2	0.2625		0.1536		0.2476	
F 值	35.30***		18.49***		29.19***	
	监督行为 （模型7-12）		监督行为 （模型7-13）		管理行为 （模型7-14）	
	B	t 值	B	t 值	B	t 值
常数	0.691***	5.78	0.773***	6.84	0.725***	6.09
trust	—	—	0.154***	9.79	—	—
support	0.196***	13.72	0.117***	7.47	0.180***	12.66
R^2	0.2029		0.2920		0.1772	
调整 R^2	0.1946		0.2836		0.1686	
F 值	24.28***		34.91***		20.55***	
	管理行为 （模型7-15）		维护行为 （模型7-16）		维护行为 （模型7-17）	
	B	t 值	B	t 值	B	t 值
常数	0.793***	6.92	0.930***	9.01	1.001***	10.26
trust	0.128***	8.04	—	—	0.134***	9.88
support	0.114***	7.18	0.150***	12.14	0.081***	6.00

续表

	管理行为 (模型 7 – 15)		维护行为 (模型 7 – 16)		维护行为 (模型 7 – 17)	
	B	t 值	B	t 值	B	t 值
R^2	0.2416		0.1738		0.2677	
调整 R^2	0.2327		0.1652		0.2590	
F 值	26.97***		20.07***		30.95***	

注：** 、*** 分别表示 5% 、1% 的显著性水平。控制变量为农户个体特征和家庭特征，限于篇幅，未予汇报。

表 7 – 5 的回归结果显示，组织支持显著正向影响农户参与农田灌溉系统治理行为，在加入了社会信任之后，自变量组织支持和中介变量社会信任也均达到了 1% 的显著性水平，同时，组织支持显著正向影响社会信任，说明社会信任在组织支持影响农户参与农田灌溉系统治理行为过程中，具有部分中介效应，假说 7 – 5 得到了证实。值得注意的是，表 7 – 5 的各模型所使用的控制变量为农户个体特征和家庭特征，为了使分析结果更具有针对性，本书根据种植作物的不同，对粮食作物和经济作物分别处理，在控制变量中分别加入了粮食作物和经济作物的生产要素投入，并重新分析了社会信任和组织支持对农户参与农田灌溉系统治理行为的影响。结果表明，无论农户种植的是粮食作物还是经济作物，社会信任在组织支持影响农户参与农田灌溉系统治理行为过程中，均具有部分中介效应。

表 7 – 6 的回归结果显示，组织支持在模型 7 – 18 和模型 7 – 19 中分别达到了 1% 的显著性水平，在模型 7 – 20 中加入了社会信任之后，自变量组织支持和中介变量社会信任也均达到了 1% 的显著性水平。同时，自变量组织支持在模型 7 – 21 和模型 7 – 22 中分别达到了 1% 的显著性水平，在模型 7 – 23 中加入了社会信任之后，自变量组织支持和中介变量社会信任分别达到了 1% 和 5% 的显著性水平。根据中介变量的判别标准，在组织支持对农户参与农田灌溉系统治理最终绩效影响的过程中，社会信任具有部分中介效应，

假说 7 - 6 得到了证实。这表明,组织支持一方面直接影响粮食作物和经济作物单产,另一方面也通过社会信任间接影响粮食作物和经济作物单产。可能的原因是,组织支持能为农户提供相互交流和合作的平台,促进农户之间信息和技术的共享,从而增强彼此的信任感,以及农户对村干部和管护制度的认可。当农户的社会信任水平提高时,一方面可以激发农户参与农田灌溉系统治理的热情,促进农户响应村干部的号召参与农田灌溉系统管护治理集体行动,从而实现农业生产中的有效灌溉,提升农业产出水平。另一方面可以促进农户之间农业生产信息和技术的相互交流,增强农户在农业生产过程中的技能,从而更好地提升农业产出水平。

表 7 - 6　社会信任在组织支持影响农户参与农田灌溉系统最终绩效中的中介效应检验

	社会信任 (模型 7 - 18)		粮食作物单产 (模型 7 - 19)		粮食作物单产 (模型 7 - 20)		中介效应
	B	t 值	B	t 值	B	t 值	
常数	- 0.587	- 0.68	7.546***	31.43	7.585***	32.52	部分中介效应
trust	—	—	—	—	0.068***	6.15	
support	0.479***	13.88	0.072***	7.41	0.039***	3.63	
R²	0.2668		0.1947		0.2421		
调整 R²	0.2522		0.1788		0.2258		
F 值	18.37***		12.21***		14.86***		
	社会信任 (模型 7 - 21)		经济作物单产 (模型 7 - 22)		经济作物单产 (模型 7 - 23)		中介效应
	B	t 值	B	t 值	B	t 值	
常数	- 1.125*	- 1.73	1.137*	1.90	1.268**	2.12	部分中介效应
trust	—	—	—	—	0.116**	2.53	
support	0.569***	14.37	0.190***	5.20	0.124***	2.78	
R²	0.3738		0.4825		0.4907		
调整 R²	0.3552		0.4672		0.4742		
F 值	20.10***		31.39***		29.86***		

　　注:*、**、***分别表示 10%、5% 和 1% 的显著性水平。模型 7 - 18、模型 7 - 19 和模型 7 - 20 的控制变量均与表 7 - 3 中的变量相同,模型 7 - 21、模型 7 - 22 和模型 7 - 23 的控制变量均与表 7 - 4 中的变量相同,限于篇幅,未予汇报。

（五）稳健性检验

为检验社会信任和组织支持对农户参与农田灌溉系统治理最终绩效影响的实证结果的稳健性，下文用两种方式进行了稳健性检验（见表7-7、表7-8、表7-9以及表7-10），具体而言有以下方面。

（1）通常，老年人由于年老体弱，在从事农业生产经营活动时劣势较为明显，因此，为了检验结果的稳健性，本节剔除了样本数据中65周岁以上的男性样本和60周岁以上的女性样本，重新用普通最小二乘法和分位数回归进行了估计（见模型7-24、模型7-25、模型7-28和模型7-29）。

（2）使用社会信任和组织支持的替代变量估计了两者对农户参与农田灌溉系统治理最终绩效的影响（见模型7-26、模型7-27、模型7-30和模型7-31）。其中，对社会信任采用农户对"一般来说，您觉得大多数人可信吗？"这一问题的回答来测量，"很不可信"—"很可信"依次赋值为1~5的整数；对组织支持采用农户对"村组织积极为农田灌溉系统的治理争取财政补贴"这一问题的回答来测量，"很不同意"—"很同意"依次赋值为1~5的整数。

不难发现，表7-7和表7-8中社会信任和组织支持对粮食作物单产影响的回归结果，无论是普通最小二乘法还是分位数回归，均与表7-3中相应回归模型的分析结果基本一致，由此证实了社会信任和组织支持能有效促进粮食作物单产的提升，该实证分析结果稳健。同时，表7-9和表7-10中社会信任和组织支持对经济作物单产影响的回归结果，无论是普通最小二乘法还是分位数回归，均与表7-4中相应回归模型的分析结果基本一致，由此证实了社会信任和组织支持能有效促进经济作物单产的提升，该实证分析结果稳健。因此，社会信任和组织支持对农户参与农田灌溉系统治理最终绩效，即农业产出水平，有稳健的积极影响。

表 7 - 7　粮食作物单产影响因素的稳健性检验（剔除老年人样本）

变量	OLS (模型 7 - 24)	分位数回归（模型 7 - 25）				
		0.10	0.25	0.50	0.75	0.90
trust	0.076*** (0.012)	0.111*** (0.031)	0.107*** (0.022)	0.040*** (0.013)	0.020 (0.013)	0.009 (0.007)
support	0.038*** (0.012)	0.105*** (0.036)	0.056** (0.023)	0.020** (0.008)	0.009 (0.010)	0.003 (0.009)
常数项	7.455*** (0.266)	5.964*** (0.920)	7.417*** (0.541)	8.177*** (0.284)	8.279*** (0.284)	8.666*** (0.296)
观察值	527	527	527	527	527	527
伪 R^2	0.2507	0.2924	0.1425	0.0669	0.0445	0.0586

注：**、*** 分别表示5%、1%的显著性水平；括号中为标准误；控制变量均与表 7 - 3 中的变量相同，限于篇幅，未予汇报。

表 7 - 8　粮食作物单产影响因素的稳健性检验（替代变量）

变量	OLS (模型 7 - 26)	分位数回归（模型 7 - 27）				
		0.10	0.25	0.50	0.75	0.90
trust	0.025** (0.010)	0.063** (0.027)	0.046** (0.021)	0.012 (0.008)	0.002 (0.007)	0.005 (0.004)
support	0.024** (0.010)	0.056** (0.027)	0.030** (0.014)	0.010 (0.011)	0.011 (0.009)	0.007 (0.006)
常数项	7.353*** (0.249)	4.435*** (0.655)	7.327*** (0.530)	8.202*** (0.183)	8.469*** (0.221)	8.713*** (0.124)
观察值	619	619	619	619	619	619
伪 R^2	0.1401	0.1848	0.0657	0.0278	0.0196	0.0435

注：**、*** 分别表示5%、1%的显著性水平；括号中为标准误；控制变量均与表 7 - 3 中的变量相同，限于篇幅，未予汇报。

表 7 - 9　经济作物单产影响因素的稳健性检验（剔除老年人样本）

变量	OLS (模型 7 - 28)	分位数回归（模型 7 - 29）				
		0.10	0.25	0.50	0.75	0.90
trust	0.146*** (0.051)	0.004 (0.041)	0.046* (0.026)	0.028 (0.024)	0.143* (0.074)	0.134 (0.153)

续表

变量	OLS (模型 7 - 28)	分位数回归（模型 7 - 29）				
		0.10	0.25	0.50	0.75	0.90
support	0.143*** (0.050)	0.091* (0.047)	0.051 (0.031)	0.051 (0.032)	0.070 (0.057)	0.236* (0.136)
常数项	1.754** (0.693)	6.028*** (0.353)	6.267*** (0.379)	5.596*** (1.244)	0.124 (1.544)	0.599 (2.178)
观察值	340	340	340	340	340	340
伪 R^2	0.4584	0.1241	0.0729	0.0624	0.2361	0.4352

注：*、**、*** 分别表示10%、5%、1%的显著性水平；括号中为标准误；控制变量均与表7-4中的变量相同，限于篇幅，未予汇报。

表7-10 经济作物单产影响因素的稳健性检验（替代变量）

变量	OLS (模型 7 - 30)	分位数回归（模型 7 - 31）				
		0.10	0.25	0.50	0.75	0.90
trust	0.088** (0.044)	0.049 (0.031)	0.049** (0.023)	0.051** (0.026)	0.053 (0.050)	0.124 (0.102)
support	0.169*** (0.043)	0.040 (0.031)	0.049* (0.027)	0.050** (0.024)	0.135*** (0.044)	0.185** (0.084)
常数项	0.073 (0.611)	5.505*** (0.518)	5.588*** (0.569)	4.091*** (1.067)	- 0.629 (1.420)	- 1.443 (1.271)
观察值	417	417	417	417	417	417
伪 R^2	0.4783	0.0808	0.0506	0.0705	0.2758	0.4737

注：*、**、*** 分别表示10%、5%、1%的显著性水平；括号中为标准误；控制变量均与表7-4中的变量相同，限于篇幅，未予汇报。

四 本章小结

本章从社会信任和组织支持双重视角，利用普通最小二乘法和分位数回归，探索了农户参与农田灌溉系统治理最终绩效，即粮食作物单产和经济作物单产，并运用层级回归，分析了组织支持在影响农户参与农田灌溉系统治理最终绩效的过程中，社会信任的中介效应。之后，对社会信任、组织支持影响农户参与农田灌溉系统治理最终绩效的稳健性进行了检验。主要结论如下。

（1）粮食作物包括小麦、水稻、玉米、大豆以及其他谷物，单产均值为 7856.341 千克/公顷，单产较高。经济作物包括油料作物（如花生、油菜、向日葵）、糖料作物（如甘蔗、甜菜）、纤维作物（如棉、麻）、三料（饮料、香料、调料）作物、水果、蔬菜和其他经济作物等，单产均值为 13558.320 千克/公顷，比粮食作物单产要高很多。

（2）社会信任对农户参与农田灌溉系统治理最终绩效的影响方面，首先是社会信任对粮食作物单产的影响，就普通最小二乘法回归结果来看，社会信任的弹性系数为 0.068，且在 1% 的显著性水平下通过了检验。从分位数回归结果来看，在不同分位数上，社会信任对粮食作物单产都有积极影响，在分位数为 0.10、0.25 和 0.50 时，社会信任对粮食作物单产的影响均通过了显著性检验，分位数达到 0.75 之后，影响不显著。随着分位数的上升，社会信任的弹性系数大致呈现减小的趋势。其次是社会信任对经济作物单产的影响，就普通最小二乘法回归结果来看，社会信任的弹性系数为 0.116，且在 5% 的水平下显著。从分位数回归结果来看，在不同分位数上，社会信任对经济作物单产均有积极影响，在分位数为 0.10 和 0.25 时社会信任对经济作物单产的影响均通过了显著性检验，且随着分位数的上升，社会信任的弹性系数大致呈现先下降后上升的趋势。

（3）组织支持对农户参与农田灌溉系统治理最终绩效的影响方面，首先是组织支持对粮食作物单产的影响，就普通最小二乘法回归结果来看，组织支持的弹性系数为 0.039，且在 1% 的水平下显著。从分位数回归结果来看，在不同分位数上，组织支持对粮食作物单产均有积极影响，在分位数为 0.10、0.25 和 0.50 时，组织支持对粮食作物单产的影响均通过了显著性检验，在分位数达到 0.75 之后，影响不显著，且随着分位数的上升，组织支持的弹性系数大致呈现减小的趋势。其次是组织支持对经济作物单产的影响，就普通最小二乘法回归结果来看，组织支持的弹性系数为 0.124，且在 1% 的水平下显著。从分位数回归结果来看，在不同分位数上，组织支持对经济作物单产均有积极影响，在分位数为 0.50 和 0.75 时组织支持对经济作物单产的影响均通过了显著性检验，且随着分位数的上升，组织支持的弹性系数呈现逐渐上升的趋势。

（4）为检验社会信任和组织支持对农户参与农田灌溉系统治理最终绩效影响的实证结果的稳健性，用两种方式进行了稳健性检验：剔除了样本数据中 65 周岁以上的男性样本和 60 周岁以上的女性样本，重新用普通最小二乘法和分位数回归进行了估计；使用社会信任和组织支持的替代变量估计了两者对农户参与农田灌溉系统治理最终绩效的影响。结果显示，社会信任和组织支持对农户参与农田灌溉系统治理最终绩效，即农业产出水平，有稳健的积极影响。

▶ 第八章
研究结论、政策建议及展望

一　研究结论

　　本书以农户参与农田灌溉系统治理绩效为主题，在公共池塘资源理论、集体行动理论、社会资本理论和社会交换理论的基础上，梳理了社会信任和组织支持的大量文献，沿着农户参与农田灌溉系统治理直接绩效—间接绩效—最终绩效的逻辑路线展开，利用内蒙古和宁夏的 772 份农户调研数据和资料，探究了社会信任和组织支持对农户参与农田灌溉系统治理绩效的影响机制。结合理论分析和实证分析，本书得出了如下结论。

　　（1）农户参与农田灌溉系统治理绩效的指标分别为设施维护程度、灌溉供水状况以及农业产出水平，分别表征了农户参与农田灌溉系统治理的直接绩效、间接绩效和最终绩效。其中，农田灌溉系统的设施维护程度均值为 3.790，且认为其"比较完好"和"很完好"的农户占 74.99%，说明调研区域农田灌溉系统的设施维护状况较为良好，且内蒙古农田灌溉系统的设施维护程度比宁夏好一些。在灌溉供水状况中，灌溉用水的供给充足程度最高，均值为 3.631，说明调研区域虽然降水较少，但通过从黄河引水灌溉仍然可以获得较充足的灌溉用水。灌溉用水的分配公平程度紧居其后，均值为3.499，这可能是调研区域农户通常较为遵守当地约定俗成的灌溉规则，从而保障了灌溉用水分配的公平性。灌溉用水的供给可靠程度最低，均值为3.376，说明调研区域农户在灌溉时通常要等待较长时间，无法及时获取灌溉用水。在农业产出水平中，粮食作物每公顷产出为7856.341千克，产量较高。经济作物每公顷产出为13558.320千克，比粮食作物产出水平高很多。内蒙古的粮食作物产量与宁夏相差较小，但经济作物单产仅为4844.386千克/公顷，远低于宁夏的58793.860千克/公顷。

（2）社会信任的指标体系包括农户对亲人、邻居、非邻居同村村民的人际信任，以及对村干部和管护制度的制度信任。在人际信任中，农户对亲人的信任程度最高，均值为4.026，且对亲人很信任的比例达到了44.82%，是所有指标中比例最高的，这说明亲人仍然是农户信任的主体。农户信任较高的是邻居，均值为3.911，且很信任比例达到了39.90%，比对非邻居同村村民的信任程度高，说明邻居仍然是农户在村域内交流和信任的主要群体。制度信任中，农户对村干部的信任程度均值为3.858，比对管护制度的信任程度高，这可能跟村级层面管护制度不完善，农田灌溉系统治理主要依赖村干部的领导能力有关。

（3）组织支持的指标体系包括村组织对农户的尊重、帮助和重视的情感支持，以及为农户提供灌溉设施、人员和信息的工具支持。在情感支持中，农户对村组织对其使用灌溉设施时给予的尊重有较高程度的感知，均值为3.639，说明农户使用灌溉设施的权益得到了充分保障。相比于对农户在治理中所做贡献的重视，村组织在灌溉中对农户的关心和帮助被农户感知的程度较高，均值为3.518，这可能与村组织负责解决灌溉中的矛盾纠纷，为农户获得有效灌溉提供保障有关系。在工具支持中，村组织为农户提供的灌溉信息获得了农户最高程度的感知，均值为3.896，这是由于获得灌溉信息后，村组织会通过高音喇叭广播或者村小队队长挨家挨户通知的方式及时告知农户。农户对村组织提供的灌溉设施和人员支持的感知程度也较高，均值分别为 3.633 和 3.557，这说明村组织为农户实现有效灌溉提供了良好的支持。

（4）在 IAD 框架基础上，运用 Binary Logit 模型和 Ordered Probit 模型，探究了社会信任和组织支持对农户参与农田灌溉系统治理行为和直接绩效的影响效应，结果显示，社会信任和组织支持对农户参与农田灌溉系统治理行为和直接绩效有显著正向影响，该结论在剔除老年人样本和用替代变量对社会信任和组织支持进行表征的情况下仍然成立，说明分析结果较为稳健。同时，利用层级回归方法，根据中介变量的判别标准，证实了在组织支持影响农户参与农田灌溉系统治理行为和直接绩效的过程中，社会信任变量具有部分中介效应。除此之外，农户个体特征和家庭特征中，农户的性别、健康状况、家中有村干部以及家庭可灌溉耕地面积对治理直接绩效有积极影响。农户认知变量中，农户对灌溉用水水价的认知对农田灌溉系统的设施维护程度有消极影响，而农田灌溉系统对收入增加重要性的认知能显著积极影响设施维护程度。群体特征变量中，共用主要灌溉设施的农户数量对设施维护程度有显著消极影响。管护规则变量中，管护资金使用透明程度积极影响设施维护程度。社区氛围变量中，人际关系显著积极影响设施维护程度。

（5）考虑农业收入水平的差异，利用多群组结构方程模型，分析了社会信任和组织支持对农户参与农田灌溉系统治理行为和间接绩效的影响。结果表明，社会信任和组织支持均对农户参与农田灌溉系统治理行为和间接绩效有积极影响，且组织支持对社会信任有积极影响。在影响总效应方面，对农户参与农田灌溉系统治理行为影响程度较大的变量为组织支持（0.627），其次是社会信任（0.517）；对间接绩效影响最大的变量是组织支持（0.760），其次是农户参与农田灌溉系统治理行为（0.669），而社会信任对间接绩效的影响最小（0.496）。选取农户农业收入水平作为多群组分析调节变量，结果显示，高农业收入农户的社会信任对其参与农田灌溉系统治理行为的影响（$\beta = 0.616$，p 值 < 1%）和对间接绩效的影响（$\beta = 0.271$，p 值 < 1%）最显著，低农业收入农户获得的组织支持对其参与农田灌溉系统治理行为的影响（$\beta = 0.443$，p 值 < 1%）和对间接绩效的影响（$\beta = 0.440$，p 值 < 1%）最为显著，且低农业收入农户获得的组织支持对其社会信任的影响（$\beta = 0.615$，p 值 < 1%）最为显著。

（6）利用普通最小二乘法和分位数回归，分析了社会信任和组织支持对农户参与农田灌溉系统治理最终绩效的影响。结果表明，对于粮食作物而言，农户的社会信任上升 1%，粮食作物单产平均上升 0.068%，且在分位数为 0.10、0.25 和 0.50 时，社会信任对粮食作物单产的影响均通过了显著性检验，在分位数达到 0.75 之后，影响不显著，随着分位数的上升，社会信任的弹性系数大致呈现减小的趋势。农户感知的组织支持对粮食作物单产具有积极影响，且农户感知的组织支持上升 1%，粮食作物单产平均提升 0.039%，在分位数为 0.10、0.25 和 0.50 时，组织支持对粮食作物单产的影响均通过了显著性检验，在分位数达到 0.75 之后，影响不显著，随着分位数的上升，组织支持的弹性系数大致呈现减小的趋势。对于经济作物而言，农户的社会信任上升 1%，经济作物单产平均上升 0.116%，在分位数为 0.10 和 0.25 时，社会信任对经济作物单产的影响均通过了显著性检验，且随着分位数的上升，社会信任的弹性系数大致呈现先下降后上升的趋势。组织支持对经济作物单产具有积极影响，组织支持上升 1%，经济作物单产平均上升 0.124%，在分位数为 0.50 与 0.75 时，组织支持对经济作物单产影响显著，且随着分位数的上升，组织支持的弹性系数呈现逐渐上升的趋势。

二 政策建议

本书不仅验证了社会信任和组织支持对农户参与农田灌溉系统治理绩效的影响，还拓展分析了组织支持如何通过社会信任影响农户参与农田灌溉系统治理绩效。为农户提供有效的组织支持，并在此基础上促进农户社会信任水平的提升，可能是提高农户参与农田灌溉系统治理绩效的一个新途径。

（一）完善农户参与农田灌溉系统治理的需求表达机制

合理的需求表达机制有助于传递农户对农田灌溉系统治理的真实需求。由于农户是农田灌溉系统的使用者与受益者，依据其真实需求对农田灌溉系统进行治理，一方面可以减少农田灌溉系统不合理的治理造成的资源浪费；另一方面可以更好地满足农户的灌溉需求，提升农户农业生产经营的积极性。目前，村庄的农田灌溉系统治理事项主要实行一事一议制度，由农户对农田灌溉系统治理事务进行表决。但是一事一议是自愿参加的，很多农户由于缺乏相应的参与意识和参与激励，并未积极参与到农田灌溉系统治理的一事一议当中，这就使得很多村庄一事一议制度的实行效果并不理想。在这种情况下，完善农户的需求表达机制很有必要，一方面要从丰富农户的表达渠道入手，例如，设立农户参与农田灌溉系统治理专门的表达渠道，定期举办农田灌溉系统治理座谈会，在村庄内部进行广泛互动和讨论等；另一方面为农户参与农田灌溉系统治理营造轻松舒适的表达氛围，鼓励农户大胆地表达自己的真实需求。建立自下而上的农户需求表达机制，充分了解不同农户对农田灌溉系统需求的差异，有利于实现有针对性的农田灌溉系统治理，满足更多农户的灌溉需求，扩大农田灌溉系统整体的受益面，达到农户参与农田灌溉系统治理绩效的有效提升。

（二）构建"自下而上"的农田灌溉系统治理绩效评价机制

政府"自上而下"的农田灌溉系统供给机制难以有效对接农户对农田灌溉系统的真实需求，也不利于农田灌溉系统绩效的提升，而构建"自下而上"的农田灌溉系统治理绩效评价机制，既可以充分了解农户对农田灌溉系统的治理状况是否满意，也有利于政府设计更为合理的农田灌溉系统治理方案，为农户提供更好的灌溉服务。农田灌溉系统的建设需要花费大量的财力和物力，超过了个体农户的承受范围，因此农田灌溉系统的建设目前仍然由政府主导，并在建成之后交由村组织和农户进行治理。但是政府对农田灌溉系统的供给通常是"自上而下"进行决策，未充分考虑农户对农田灌溉系统的真实需求，一方面导致部分地区虽然政府进行大量投资兴建了大量农田水利设施，但设计得不合理导致了农田灌溉系统并未充分发挥作用，导致绩效低下；另一方面导致部分地区的农田灌溉系统供给集中在收益较高地区，而收益较低地区的农田灌溉系统供给水平很低，严重影响了当地的农业生产经营，也由地区分配不平衡引致了农户的不公平感，不利于农田灌溉系统后续治理工作的开展。在这种情况下，构建"自下而上"的农田灌溉系统治理绩效的评价机制，不但可以有效减少政府在供给农田灌溉系统时由设计不合理导致的资源浪费，而且有助于各地区之间农田灌溉系统的公平供给，激发农户参与农田灌溉系统管护治理的积极性，提高治理绩效。

（三）构建农田灌溉系统治理主体的社会信任机制

信任是合作的基础，在农田灌溉系统治理合作中也是如此。农田灌溉系统的治理一方面依靠村组织的号召带领，另一方面也依靠农户自身的道德约束。每个行动主体都会从自身的利益需求出发，构建自身对农田灌溉系统管护治理的概念体系，其行为也会受到自身对成本收益判断的影响。若农户对村组织和其他农户缺乏信任，则会选择自身利益最大化策略，即在农户参与农田灌溉系统治理过程中采取搭便车行为，这就容易导致管护治理集体行动的合作困境，降低管护治理绩效。在这种情况下，构建农户与农户之间、农户与村组织之间的信任机制至关重要，不但能够促使农户积极配合村组织的领导和号召，而且可以对农户的行为进行约束，农户由于珍视自己的声誉而会避免采取搭便车行为。而在构建社会信任机制方面，一方面可以制定相应的制度规则，对农户的不道德行为，例如在集体行动中搭便车，或者在灌溉用水分配过程中不遵守灌溉用水使用规则等，进行严厉惩罚，提升农户对制度的信任感；另一方面可以构建农户相互交流的平台，通过增加农户与农户之间，以及农户与村组织之间的沟通交流来增强彼此的信任感。完善的社会信任机制有利于降低农户参与农田灌溉系统治理过程中的摩擦和交易成本，促进管护治理集体行动的达成，最终提升治理绩效。

（四）健全基层农户用水组织的发展

农户参与农田灌溉系统治理是在村组织的领导和支持下展开的，村组织对农户的支持是农户积极参与农田灌溉系统治理的关键因素。这里的村组织主要是指村委会和农民用水户协会，其中，农民用水户协会为非营利性社会民间组织，是灌溉用水农户依据自愿参加、自我管理、自我服务、民主议事、平等协商、公开透明的原则建立的，在很多地方已成为农田灌溉系统治理和灌溉用水管理的主要组织。理论上，农民用水户协会与村委会不存在隶属关系，但实际情况是，农民用水户协会在很多地方是依据村庄行政边界而非水文边界进行划分，由于两个组织均对农户用水问题进行管理，这就使得农民用水户协会和村委会之间存在职能重叠的问题。农民用水户协会的领导经常由村干部担任，这虽然能保障农民用水户协会在运行过程中有一定的群众基础，却会使得农民用水户协会对村委会的依赖程度较高从而丧失独立性。在这种情况下，健全基层农民用水组织的发展，关键是要正确处理好村委会和农民用水户协会的关系，例如村委会积极支持农民用水户协会的发展，但不过分干预农民用水户协会的运行，而农民用水户协会积极与村委会沟通交流并接受村委会的监督，这将有利于农田灌溉系统的管护治理和灌溉用水的管理，从而提高治理绩效。

（五）为农户提供有针对性的组织支持

村组织对农户的支持是农户愿意在村组织的带领下参与农田灌溉系统治理的重要因素。基于社会交换理论，村组织为农户提供的尊重、关心和重视等情感支持，以及设施、人员和信息等工具支持既可以提升农户对村组织的认同感和忠诚度，又可以激发农户为村组织服务的意识，从而提高农户参与农田灌溉系统治理绩效。由于农户农业经营状况以及个人能力等方面的差异，其对组织支持的需求也不尽相同，这就要求村组织要根据农户需求的不同向其提供有针对性的组织支持，以在较大程度上激发农户的回馈意识。调研发现，由于调研区域对灌溉的强烈诉求，村组织对农户在灌溉方面的支持程度较高，也获得了农户较高程度的认可。但是，农户仍然有较大的组织支持需求未能得到满足，例如，农户对作物种植技术，尤其是经济作物种植技术的需求比较强烈，但是由于自身能力和获取信息的局限性，农户往往无法及时获取有效的技术支持。在这种情况下，村组织可以联合农业技术部门，根据农户需求的不同为农户提供有针对性的技术指导，在提高农户农业生产经营水平的同时，增强农户对村组织的认可。而如果要及时了解农户的需求，就需要村组织与农户保持密切的沟通交流，在关心农户的同时向他们提供有针对性的支持和帮助，提升农户的组织支持感，促进其在村组织领导下参与村庄公共事务治理，从而提升公共事务治理绩效。

（六）完善农户参与农田灌溉系统治理的监督惩罚机制

在农田灌溉系统治理过程中，农户个体的理性会诱导其选择搭便车行为，但完善的监督惩罚机制能约束农户的行为，减少农户在农田灌溉系统治理过程中的不道德行为，从而提高农户参与农田灌溉系统的治理绩效。但是，现有的农村地区普遍缺乏完善的监督惩罚机制，农户通常会选择遵循约定俗成的村域规范，但村域规范不具有强制性，农户即使违反村域规范选择搭便车行为，通常也只是会被其他农户指责，却并不会受到实质性的惩罚。而搭便车行为不但损害了他人的灌溉利益，也容易提升其他农户的不公平感知，导致更多的农户选择搭便车，降低其参与农田灌溉系统治理绩效。在这种情况下，完善农户参与农田灌溉系统治理的监督机制，加强农户对村组织以及农户之间彼此的监督，有利于约束农户的不道德行为，降低搭便车的概率。同时，结合农户参与农田灌溉系统治理的惩罚机制，对农户的搭便车等不道德行为进行相应的惩罚，例如令搭便车农户最后灌溉，甚至剥夺其灌溉权利作为惩罚，在这种情况下，对灌溉的强烈诉求有助于约束农户降低搭便车的概率，从而提升农田灌溉系统治理绩效。

三 研究不足及未来展望

从社会信任和组织支持的视角，对农户参与农田灌溉系统治理绩效进行研究，具有很强的理论和现实意义，但是本书仍然存在一些不足，具体如下。

（1）样本数据方面，本书使用的数据是基于项目团队的实地调研得到的，可以比较准确地了解农户参与农田灌溉系统的实际状况，但仍然存在一些不足。首先，由于数据是截面数据，只能反映当年的农户参与农田灌溉系统治理状况，无法对整个农户参与农田灌溉系统治理过程进行动态的跟踪和分析，这是本书的局限所在。在未来进行研究时，可着手于面板数据的分析，通过固定观测点对样本区域进行长期跟踪，获得农田灌溉系统治理的动态资料，以便对农户参与农田灌溉系统治理绩效进行更全面、更科学的分析。其次，调研区域方面，本书的样本地区为内蒙古和宁夏，属于黄河灌区的中上游，可以较为准确地反映黄河灌区中上游的农户参与农田灌溉系统治理绩效。由于黄河流经青海、四川、甘肃、宁夏、内蒙古、陕西、山西、河南及山东9个省（自治区），虽然黄河灌区农户灌溉有一定的共性，但是也存在较大的差异，本书的调研区域仍然不够全面，无法充分反映整个黄河灌区的农田灌溉系统治理状况。在未来进行研究时，可着手于对黄河灌区的各个省份进行调研，以便更全面地反映黄河灌区整体的农户参与农田灌溉系统治理绩效。同时，黄河灌区代表的是中国北方地区的灌溉，未来研究可以将南方地区的农户参与农田灌溉系统治理和灌溉情况纳入分析框架，对南北方农田灌溉系统治理的差异进行对比研究，以便融合彼此的优点，发现更好的治理模式。最后，调研发现，管护治理制度虽然存在，但是通常设计较为宏观，很少有针对村级层面的具体的管护细则。农户参与农田灌溉系统治理过程，更多的是依靠村干部个人的领导能力，以及村域内大家约定俗称的规范对农户行为进行约束，但这些并不具备强制性，对农户的约束能力有限。而完善的制度是农田灌溉系统有效治理的重要保障，因此，在未来研究时，可以着手分析农田灌溉系统治理中村级层面的制度，为村级农田灌溉系统治理提供制度依据，也为政府制定有效治理制度提供借鉴。

（2）研究方法方面，内生性问题是社会信任和组织支持研究中较难规避的问题。本书可能的内生性来源为遗漏变量和联立性。具体而言，在各个模型的随机残差项中，难免会有一些未列为自变量的因素能够同时影响农户的社会信任和农户参与农田灌溉系统治理绩效。同时，较高水平的社会信任和组织支持会对农户参与农田灌溉系统治理绩效产生影响，在农户参与农田灌溉系统治理过程中，农户之间以及农户与村组织之间的合作也会反过来影响农户的社会信任和感知的组织支持，这样，内生性就有可能存在于农户的社会信任和组织支持研究中，导致本书的社会信任和组织支持变量及其细分维度都可能存在一定的内生性。在这种情况下，要找到数量足够多且质量比较好的工具变量，在既有的数据资料中是难以实现的。但是，考虑到本书所使用的社会信任和组织支持指标是因子分析得到的综合指数，而且本书的实证分析都进行了稳健性检验，可以在一定程度上减轻内生性问题。因此，本书的研究结论依然能够接受，但在未来研究时，可以尝试通过探寻良好的工具变量，来有效解决社会信任和组织支持研究中面临的内生性问题。

参考文献

〔美〕埃莉诺·奥斯特罗姆，2003，《社会资本：流行的狂热抑或基本的概念?》，龙虎编译，《经济社会体制比较》第2期。

鲍文涵，2016，《南极资源治理与中国参与》，武汉大学博士学位论文。

蔡起华，2017，《社会信任、关系网络与农户参与小型农田水利设施供给研究》，西北农林科技大学博士学位论文。

蔡起华、朱玉春，2015a，《社会信任、关系网络与农户参与农村公共产品供给》，《中国农村经济》第7期。

蔡起华、朱玉春，2015b，《社会信任、收入水平与农村公共产品农户参与供给》，《南京农业大学学报》（社会科学版）第1期。

蔡起华、朱玉春，2016，《社会资本，收入差距对村庄集体行动的影响——以三省区农户参与小型农田水利设施维护为例》，《公共管理学报》第4期。

蔡荣，2015，《管护效果及投资意愿：小型农田水利设施合作供给困境分析》，《南京农业大学学报》（社会科学版）第4期。

蔡荣、蔡书凯，2013，《农田灌溉设施建设的农户参与意愿及其影响因素——以安徽省巢湖市740户稻农为例》，《资源科学》第8期。

柴盈、曾云敏，2012，《管理制度对我国农田水利政府投资效率的影响——基于我国山东省和台湾省的比较分析》，《农业经济问题》第 2 期。

陈阿江、吴金芳，2013，《社会流动背景下农村用水秩序的演变——基于安徽蒋村的个案研究》，《南京农业大学学报》（社会科学版）第 6 期。

陈成，2015，《社会资本视角下的大学生校园公共参与研究——以上海市六所高校为例》，上海交通大学博士学位论文。

陈捷、卢春龙，2009，《共通性社会资本与特定性社会资本——社会资本与中国的城市基层治理》，《社会学研究》第 6 期。

陈雷，2015，《积极践行新时期治水思路，奋力开创节水治水管水兴水新局面》，《中国水利》第 2 期。

陈叶烽、叶航、汪丁丁，2010，《信任水平的测度及其对合作的影响——来自一组实验微观数据的证据》，《管理世界》第 4 期。

陈一恒，2012，《村民民主参与行为与村庄公共治理绩效研究》，华中农业大学硕士学位论文。

楚永生，2008，《用水户参与灌溉管理模式运行机制与绩效实证分析》，《中国人口·资源与环境》第 2 期。

崔宝玉，2009，《欠发达地区农村社区公共产品农户参与供给研究——以安徽省为例》，浙江大学博士学位论文。

董海荣，2005，《社会学视角的社区自然资源管理研究》，中国农业大学博士学位论文。

董志勇，2006，《行为经济学中的社会公平态度与价值取向研究——以新加坡、中国上海和兰州为例》，《中国工业经济》第 10 期。

杜威漩，2015，《小农水管护场域的进化博弈与制度嵌入》，《农村经济》第 5 期。

方慧欣，2014，《赣抚平原灌区农户参与农田水利管护影响因素研究》，江西农业大学硕士学位论文。

冯小东，2014，《柔性制造背景下组织支持与员工绩效关系研究——基于社会交换理论以汽车产业一线生产员工为对象的研究》，吉林大学博士学位论文。

〔美〕弗兰西斯·福山，1998，《信任：社会道德与繁荣的创造》，李宛蓉译，远方出版社。

〔美〕弗兰西斯·福山，2003，《社会资本、公民社会与发展》，曹义炟译，《马克思主义与现实》第 2 期。

高虹、陆铭，2010，《社会信任对劳动力流动的影响——中国农村整合型社会资本的作用及其地区差异》，《中国农村经济》第 3 期。

郭珍，2015，《农地流转、集体行动与村庄小型农田水利设施供给——基于湖南省团结村的个案研究》，《农业经济问题》第 8 期。

韩洪云、赵连阁，2002，《灌区农户合作行为的博弈分析》，《中国农村观察》第 4 期。

韩雅清、苏时鹏、魏远竹，2017，《人际与制度信任对林农碳汇项目参与意愿的影响——基于福建 344 名林户的调查》，《湖南农业大学学报》（社会科学版）第 4 期。

何安华、邵锋、孔祥智，2012，《资源禀赋差异与合作利益分配——辽宁省 HS 农民专业合作社案例分析》，《江淮论坛》第 1 期。

何可、张俊彪、张露、吴雪莲，2015，《人际信任、制度信任与农民环境治理参与意愿——以农业废弃物资源化为例》，《管理世界》第 5 期。

何凌霄、张忠根、南永清、林俊瑛，2017，《制度规则与干群关系：破解农村基础设施管护行动的困境——基于 IAD 框架的农户管护意愿研究》，《农业经济问题》第 1 期。

侯莉颖、陈彪云，2011，《个体差异、组织支持感与工作绩效》，

《深圳大学学报》（人文社会科学版）第 2 期。

胡雯，2008，《转型期中国农业灌溉系统可持续治理研究：一个嵌套分层的多中心治理视角》，西南财经大学博士学位论文。

黄俊、吴隆增、朱磊，2012，《CEO 变革型领导行为对中层管理者工作绩效和工作满意度的影响：组织支持知觉和价值观的作用》，《心理科学》第 6 期。

姜庆志，2015，《面向新型城镇化的县域合作治理绩效影响机制研究——基于山东、安徽、内蒙古三省（区）的调查与分析》，华中师范大学博士学位论文。

姜薇薇，2014，《员工组织支持感、心理所有权与建言行为关系研究》，吉林大学博士学位论文。

姜翔程、乔莹莹，2017，《"三权分置"视野的农田水利设施管护模式》，《改革》第 2 期。

〔英〕雷丁，2009，《华人资本主义精神》，谢婉莹译，格致出版社。

李惠斌、杨雪冬，2000，《社会资本与社会发展》，社会科学文献出版社。

李岚，2011，《社会转型期我国制度信任的现状研究——以深圳特区为例》，南京大学硕士学位论文。

李娜、李颖，2016，《论小型农田水利工程治理模式》，《中外企业家》第 24 期。

李琼，2013，《公共事务治理视角下的社区型股份合作制度治理研究》，武汉大学博士学位论文。

李斯斯，2014，《集体行动的影响因素研究：社会认同感、道德倾向性与道德情绪》，吉林大学硕士学位论文。

李伟民、梁玉成，2002，《特殊信任与普遍信任：中国人信任的结构与特征》，《社会学研究》第 3 期。

李艳霞，2014，《何种信任与为何信任？——当代中国公众政治信任现状与来源的实证分析》，《公共管理学报》第 2 期。

李忠民、徐捷，2013，《工作内嵌入对组织支持感受和工作绩效的中介效应——基于中国民航企业的实证研究》，《西安财经学院学报》第 2 期。

林海明、张文霖，2005，《主成分分析与因子分析的异同和 SPSS 软件——兼与刘玉玫、卢纹岱等同志商榷》，《统计研究》第 3 期。

凌文铨、杨海军、方俐洛，2006，《企业员工的组织支持感》，《心理学报》第 2 期。

刘春霞，2016，《乡村社会资本视角下中国农村环保公共品合作供给研究》，吉林大学博士学位论文。

刘红梅、王克强、黄智俊，2008，《影响中国农户采用节水灌溉技术行为的因素分析》，《中国农村经济》第 4 期。

刘红云、骆方、张玉、张丹慧，2013，《因变量为等级变量的中介效应分析》，《心理学报》第 12 期。

刘鸿渊、史仕新、陈芳，2010，《基于信任关系的农村社区性公共产品供给主体行为研究》，《社会科学研究》第 2 期。

刘辉，2014，《制度规则影响小型农田水利治理绩效的实证分析——基于湖南省 192 个小型农田水利设施的调查》，《农业技术经济》第 12 期。

刘辉、陈思羽，2012，《农户参与小型农田水利建设意愿影响因素的实证分析——基于对湖南省粮食主产区 475 户农户的调查》，《中国农村观察》第 2 期。

刘俊浩，2005，《农村社区农田水利建设组织动员机制研究》，西南农业大学博士学位论文。

刘敏，2015，《农田水利工程管理体制改革的社区实践及其困境——基于产权社会学的视角》，《农业经济问题》第 4 期。

刘庆、朱玉春，2015，《社会资本对农户参与小型农田水利供给行为的影响研究》，《农业技术经济》第 12 期。

刘铁军，2006，《小型农田水利设施治理模式研究》，《水利发展研究》第 6 期。

罗安娜，2014，《研究型大学高层次人才组织支持感、敬业度和工作绩效作用机制研究》，武汉大学博士学位论文。

罗家德，2007，《中国人的信任游戏》，《商界》（中国商业评论）第 2 期。

毛寿龙、杨志云，2010，《无政府状态、合作的困境与农村灌溉制度分析——荆门市沙洋县高阳镇村组农业用水供给模式的个案研究》，《理论探讨》第 2 期。

牛喜霞、汤晓峰，2013，《农村社区社会资本的结构及影响因素分析》，《湖南师范大学》（社会科学学报）第 4 期。

邱保印，2016，《社会信任、法律执行与企业资源配置效率》，对外经济贸易大学博士学位论文。

邱士利，2013，《农田水利基础设施建设与粮食产出关系实证研究——以福建省为例》，《福建论坛》（人文社会科学版）第 12 期。

荣泰生，2009，《AMOS 与研究方法》，重庆大学出版社。

申钦鸣、柯珍雅，2016，《探寻合适的治理模式：信任与社会关系网络在中国节能服务公司发展过程中的作用》，《经济社会体制比较》第 3 期。

施昭、陈炜，2008，《水利财政支出绩效评价探析》，《中国水利》第 18 期。

史小强、戴健，2018，《新时代全民健身公共服务绩效结构模型的构建与实证研究——基于"以人民为中心"价值取向的量度》，《体育科学》第 3 期。

史宇鹏、李新荣，2016，《公共资源与社会信任：以义务教育为例》，《经济研究》第 5 期。

宋晶，2018，《管护模式、社会网络对小型农田水利设施管护效果的影响分析》，西北农林科技大学硕士学位论文。

孙健敏、陆欣欣、孙嘉清，2015，《组织支持感与工作投入的曲线关系及其边界条件》，《管理科学》第2期。

陶芝兰、王欢，2006，《信任模式的历史变迁——从人际信任到制度信任》，《北京邮电大学学报》（社会科学版）第2期。

〔英〕特纳，2005，《项目中的合同管理》，戚安邦、耿岚岚、于玲译，南开大学出版社。

汪汇、陈钊、陆铭，2009，《户籍、社会分割与信任：来自上海的经验研究》，《世界经济》第10期。

汪萍、汪文雄、杨海霞、杨钢桥，2016，《农民有效参与对农地整治项目绩效的影响效应研究》，《资源科学》第3期。

王朝明、杜辉，2011，《农业水利设施的历史变迁与治理政策选择》，《改革》第1期。

王蕾、朱玉春，2013，《基于农户收入异质性视角的农田水利设施供给效果分析》，《软科学》第9期。

王思琦，2013，《政治信任、人际信任与非传统政治参与》，《公共行政评论》第2期。

王昕、陆迁，2015，《农村小型水利设施管护方式与农户满意度——基于泾惠渠灌区811户农户数据的实证分析》，《南京农业大学学报》（社会科学版）第1期。

王毅，2017，《基于因子分析法的格力电器财务绩效评价》，河北师范大学硕士学位论文。

温忠麟、侯杰泰、张雷，2005，《调节效应与中介效应的比较和应用》，《心理学报》第2期。

吴清华、冯中朝、李谷成，2015，《农村基础设施供给与管护的国际经验及其启示——以灌溉设施、农村公路为例》，《中国农业大学学报》第4期。

吴秋菊，2016，《论农村双层经营体制的理论内涵与制度完善——基于农田水利治理的经验考察》，华中科技大学博士学位论文。

伍柏树，2017，《云阳县小型农田水利设施治理模式与管护体系研究》，重庆三峡学院硕士学位论文。

武志伟、陈莹，2010，《关系公平性、企业间信任与合作绩效——基于中国企业的实证研究》，《科学学与科学技术管理》第 11 期。

徐洁，2008，《我国公共基础设施维护研究》，重庆大学硕士学位论文。

徐双敏，2006，《提高农村公共品供给效率研究——以湖北咸安乡镇站所改革为例》，《财政研究》第 5 期。

许百华、张兴国，2005，《组织支持感研究进展》，《应用心理学》第 4 期。

许增巍，2016，《农村生活垃圾集中处理农户合作行为研究》，西北农林科技大学博士学位论文。

杨海军，2003，《企业员工组织支持感探讨》，暨南大学硕士学位论文。

杨辉、梁云芳，2006，《组织支持感受与心理契约》，《管理科学文摘》第 2 期。

杨坚争、郑碧霞、杨立钒，2014，《基于因子分析的跨境电子商务评价指标体系研究》，《财贸经济》第 9 期。

杨丽君，2010，《企业劳动关系调整机制研究——基于社会交换理论和一元论方法的视角》，西南财经大学博士学位论文。

杨柳、朱玉春，2016，《社会信任、合作能力与农户参与小农水供给行为——基于黄河灌区五省数据的验证》，《中国人口·资源与环境》第 3 期。

杨柳、朱玉春、任洋，2018a，《社会信任、组织支持对农户参与小农水管护绩效的影响》，《资源科学》第 6 期。

杨柳、朱玉春、任洋，2018b，《社会资本、组织支持对农户参与小农水管护绩效的影响》,《中国人口·资源与环境》第 1 期。

杨阳、周玉玺、周霞,2015,《差序氛围、组织支持与农户合作意愿——基于小型农田水利建管护的调查》,《南京农业大学学报》(社会科学版) 第 4 期。

杨宇谦、吴建南、白波,2012,《资源禀赋与公共品供给——合作视角下的实验研究》,《管理评论》第 11 期。

曾福生、戴鹏,2012,《农户种粮选择行为影响因素分析》,《技术经济》第 2 期。

曾国安、洪丽,2010,《收入分配不公问题的多维解读》,《江汉论坛》第 6 期。

曾勇,2017,《中国东西扶贫协作绩效研究》,华东师范大学博士学位论文。

翟学伟,2014,《信任的本质及其文化》,《社会》第 1 期。

张兵、孟德锋、刘文俊、方金兵,2009,《农户参与灌溉管理意愿的影响因素分析——基于苏北地区农户的实证研究》,《农业经济问题》第 2 期。

张兵、王翌秋,2004,《农民用水者参与灌区用水管理与节水灌溉研究——对江苏省皂河灌区自主管理排灌区模式运行的实证分析》,《农业经济问题》第 3 期。

张翠娥、李跃梅、李欢,2016,《资本禀赋与农民社会治理参与行为——基于 5 省 1599 户农户数据的实证分析》,《中国农村观察》第 1 期。

张苙芸、谭康荣,2005,《制度信任的趋势与结构:"多重等级评量"的分析策略》,《台湾社会学刊》第 35 期。

张维迎、柯荣住,2002,《信任及其解释:来自中国的跨省调查分析》,《经济研究》第 10 期。

赵连阁、王学渊,2010,《农户灌溉用水的效率差异——基于甘肃、内蒙古两个典型灌区实地调查的比较分析》,《农业经济问题》

第 3 期。

赵雪雁，2012，《社会资本测量研究综述》，《中国人口·资源与
环境》第 7 期。

郑华伟，2012，《农村土地整理项目绩效的形成、测度与改善》，
南京农业大学博士学位论文。

周生春、汪杰贵，2011，《乡村社会资本与农村公共服务农民自
主供给效率——基于集体行动视角的研究》，《浙江大学学
报》（人文社会科学版）第 3 期。

周晓平，2007，《小型农田水利工程治理制度与治理模式研究》，
河海大学博士学位论文。

朱宏，2016，《社会资本、自组织机制与商业银行经营转型绩效
研究》，合肥工业大学博士学位论文。

朱明达，2016，《慈利县小型农田水利治理问题研究》，湖南农业
大学硕士学位论文。

朱仁崎、孙多勇、彭黎明，2013，《组织公平与工作绩效的关系：
组织支持感的中介作用》，《系统工程》第 6 期。

朱玉春、唐娟莉、罗丹，2011，《农村公共品供给效果评估：来自
农户收入差距的响应》，《管理世界》第 9 期。

朱玉春、王蕾，2014，《不同收入水平农户对农田水利设施的需
求意愿分析——基于陕西、河南调查数据的验证》，《中国农
村经济》第 1 期。

宗文、李晏墅、陈涛，2010，《组织支持与组织公民行为的机理
研究》，《中国工业经济》第 7 期。

邹宇春、敖丹，2011，《自雇者与受雇者的社会资本差异研究》，
《社会学研究》第 5 期。

Armeli S., Eisenberger R., Fasolo P., Lynch P. 1998. Perceived
Organizational Support and Police Performance: The Moderating
Influence of Socioemotional Needs. *Journal of Applied Psychol-*

ogy, 83 (2): 288 – 297.

Aryee S. , Chay Y. W. 2001. Workplace Justice, Citizenship Behavior, and Turnover Intentions in a Union Context: Examining the Mediating Role of Perceived Union Support and Union Instrumentality. *Journal of Applied Psychology*, 86 (1): 154 – 160.

Bae J. 2009. Institutional Choices for Local Service Contracting and Collaboration. *International Review of Public Administration*, 14 (1): 27 – 42.

Baron R. M. , Kenny D. A. 1986. The Moderator-Mediator Variable Distinction in Social Psychology Research: Conceptual, Strategic, and Statistical Considerations. *Journal of Personality and Social Psychology*, 51 (6): 1173 – 1182

Bebbington A. 1999. Capitals and Capabilities: A Framework for Analyzing Peasant Viability, Rural Livelihoods and Poverty. *World Development*, 27 (12): 2021 – 2044.

Blau P. M. 1964. Exchange and Power in Social Life. *American Journal of Sociology*, (3): 151 – 160.

Bohr J. 2014. Barriers to Environmental Sacrifice: The Interaction of Free Rider Fears with Education, Income, and Ideology. *Sociological Spectrum*, 34 (4): 362 – 379.

Borman W. C. , White L. A. , Dorsey D. W. 1995. Effects of Ratee Task Performance and Interpersonal Factors on Supervisor and Peer Performance Ratings. *Journal of Applied Psychology*, 80 (1): 168 – 177.

Bouma J. , Bulte E. , Soest D. V. 2008. Trust and Cooperation: Social Capital and Community Resource Management. *Journal of Environmental Economics and Management*, 56 (2): 155 – 166.

Bourdieu P. 1984. *Distinction: A Social Critique of the Judgment of*

Taste. Harvard University Press.

Buchan N. R. , Croson R. T. , Dawes R. M. 2002. Swift Neighbors and Persistent Strangers: A Cross-Cultural Investigation of Trust and Reciprocity in Social Exchange. *American Journal of Sociology*, 108 (1): 168 – 206.

Cai Q. , Zhu Y. , Chen Q. 2016. Can Social Networks Increase Households' Contribution to Public-Good Provision in Rural China? The Case of Small Hydraulic Facilities Construction. *China Agricultural Economic Review*, 8 (1): 148 – 169.

Carruthers I. , Stoner R. 1981. Economic Aspects and Policy Issues in Groundwater Development. *Ciência E Tecnologia De Alimentos*, 23 (3): 401 – 408.

Charness G. , Rabin M. 2002. Understanding Social Preferences with Simple Tests. *Quaterly Journal of Economics*, 117 (3): 817 – 869.

Chen Z. , et al. 2009. Perceived Organizational Support and Extra-Role Performance: Which Leads to Which? . *The Journal of Social Psychology*, 149 (1): 119 – 124.

Chong H. S. , White R. E. , Prybutok V. 2001. Relationship among Organizational Support, at Implementation, and Performance. *Industrial Management & Data Systems*, 101 (6): 273 – 280.

Coleman J. S. 1988. Social Capital in the Creation of Human Capital. *American Journal of Sociology*, 94: 95 – 120.

Daley D. M. 2009. Interdisciplinary Problems and Agency Boundaries: Exploring Effective Cross-Agency Collaboration. *Social Science Electronic Publishing*, 19 (3): 477 – 493.

Doss C. R. , Meinzen-Dick R. 2015. Collective Action within the Household: Insights from Natural Resource Management. *World Development*, 74: 171 – 183.

Eisenberger R. , Fasolo P. , Davislamastro V. 1990. Perceived Organizational Support and Employee Diligence, Commitment, and Innovation. *Journal of Applied Psychology*, 75 (1): 51 – 59.

Eisenberger R. , Huntington R. , Hutchison S. , Sowa D. 1986. Perceived Organizational Support. *Journal of Applied Psychology*, 71 (3): 500.

Eisenberger R. , Singlhamber F. , Vandenberghe C. , Sucharski I. L. , Rhoades L. 2002. Perceived Supervisor Support: Contributions to Perceived Organizational Support and Employee Retention. *Journal of Applied Psychology*, 87 (3): 565.

Emerson R. M. 1976. Social Exchange Theory. *Annual Review of Sociology*, 2 (7): 335 – 362.

Farh J. L. , Liang J. 2007. Individual-Level Cultural Values as Moderators of Perceived Organizational Support-Employee Outcome Relationships in China: Comparing the Effects of Power Distance and Traditionality. *Academy of Management Journal*, 50 (3): 715 – 729.

Fehr E. , Schmidt K. M. 1999. A Theory of Fairness, Competition, and Cooperation. *Quarterly Journal of Economics*, 114 (8): 817 – 868.

George J. M. , Brief A. P. 1992. Feeling Good-Doing Good: A Conceptual Analysis of the Mood at Work-Organizational Spontaneity Relationship. *Psychological Bulletin*, 112 (2): 310.

Ghumman A. R. , Ahmad S. , Hashmi H. N. , Khan R. A. 2014. Comparative Evaluation of Implementing Participatory Irrigation Management in Punjab, Pakistan. *Irrigation and Drainage*, 63 (3): 315 – 327.

Gomo T. , Senzanje A. , Mudhara M. , Dhavu K. 2014. Assessing the Performance of Smallholder Irrigation and Deriving Best Management Practices in South Africa. *Irrigation and Drainage*, 63 (4): 419 – 429.

Gorton M., Sauer J., Peshevski M., Bosev D., Shekerinov D., Quarrie S. 2010. The Dimensions of Social Capital and Rural Development: Evidence from Water Communities in the Republic of Macedonia. *European Association of Agricultural Economists*: 391 – 405.

Hamidov A., Thiel A., Zikos D. 2015. Institutional Design in Transformation: A Comparative Study of Local Irrigation Governance in Uzbekistan. *Environmental Science & Policy*, 53: 175 – 191.

Hanifan L. J. 1916. The Rural School Community Centre. *Annals of the American Academy of Political and Social Science*, 67: 130 – 138.

Herb S., Hartmann E. 2014. Opportunism Risk in Service Triads-A Social Capital Perspective. *International Journal of Physical Distribution & Logistics Management*, 44 (3): 242 – 256.

Holmes T. 2015. The Colorado Doctrine: Water Rights, Corporations, and Distributive Justice on the American Frontier. *Business History Review*, 89 (4): 799 – 800.

Homans G. C. 1958. Social Behavior as Exchange. *American Journal of Sociology*, 63 (6): 597 – 606.

Huang Q., Rozelle S., Wang J., Huang J. 2009. Water Management Institutional Reform: A Representative Look at Northern China. *Agricultural Water Management*, 96 (2): 215 – 225.

Huang Q., Wang J., Easter K. W., Rozelle S. 2010. Empirical Assessment of Water Management Institutions in Northern China. *Agricultural Water Management*, 98 (2): 361 – 369.

Jacobs J. 1961. *The Death and Life of Great American Cities*. Random House.

Johnson S. H., Joop S. 2008. WUA Training and Support in the Kyrgyz Republic. *Irrigation & Drainage*, 57 (3): 311 – 321.

Johnson O. E. G. 1972. Economic Analysis, the Legal Framework and Land Tenure Systems. *Journal of Law & Economics*, 15 (1): 259 – 276.

Kumar M. D., Singh O. P. 2001. Market Instruments for Demand Management in the Face of Scarcity and Overuse of Water in Gujarat, Western India. *Water Policy*, 3 (5): 387 – 403.

Lam W. F., Ostrom E. 2010. Analyzing the Dynamic Complexity of Development Interventions: Lessons from an Irrigation Experiment in Nepal. *Policy Sciences*, 43 (1): 1 – 25.

Lam W. F. 1996. Improving the Performance of Small-Scale Irrigation Systems: The Effects of Technological Investments and Governance Structure on Irrigation Performance in Nepal. *World Development*, 24 (8): 1301 – 1315.

Lam W. F. 1994. Institutions, Engineering Infrastructure, and Performance in the Governance and Management of Irrigation Systems: The Case of Nepal. Indiana University Ph. D. Thesis.

Le D. H., Li E., Nuberg I., Bruwer J. 2014. Farmers' Perceived Risks of Climate Change and Influencing Factors: A Study in the Mekong Delta, Vietnam. *Environmental Management*, 54 (2): 331 – 345.

Levi M. 1988. Trust: Making and Breaking Cooperative Relations. *Contemporary Sociology*, 21 (3): 401.

Luhmann N. 1979. *Trust and Power*. John Wiley & Sons.

McCarthy N., Kilic T. 2015. The Nexus between Gender, Collective Action for Public Goods and Agriculture: Evidence from Malawi. *Agricultural Economics*, 46 (3): 375 – 402.

McMillan R. 1997. Customer Satisfaction and Organizational Support for ServiceProviders. University of Florida Ph. D. Thesis.

Meinzen-Dick R. , Raju K. V. , Gulati A. 2002. What Affects Organization and Collective Action for Managing Resources? Evidence from Canal Irrigation Systems in India. *World Development*, 30 (4): 649 – 666.

Meinzen-Dick R. 1997. Farmer Participation in Irrigation – 20 Years of Experience and Lessons for the Future. *Irrigation & Drainage Systems*, 11 (2): 103 – 118.

Miao S. , Heijman W. , Zhu X. 2015. Social Capital Influences Farmer Participation in Collective Irrigation Management in Shaanxi Province, China. *China Agricultural Economic Review*, 7 (3): 448 – 466.

Muhammad L. , Zia U. H. , Ghulam N. 2014. Comparison of State-Managed and Farmer-Managed Irrigation Systems in Punjab, Pakistan. *Irrigation & Drainage*, 63 (5): 628 – 639.

Murphy K. R. , Cleveland J. N. 1991. *Performance Appraisal: An Organizational Perspective*. Allyn and Bacon.

Muse L. A. , Stamper C. L. 2007. Perceived Organizational Support and Its Consequences: Evidence for a Mediated Association with Work Performance. *Journal of Managerial Issues*, 19 (4): 517 – 535.

Mushtaq S. , Dawe D. , Lin H. , Moya P. 2007. An Assessment of Collective Action for Pond Management in Zhanghe Irrigation System (ZIS), China. *Agricultural Systems*, 92 (1 – 3): 140 – 156.

Newman A. , Thanacoody R. , Hui W. 2012. The Effects of Perceived Organizational Support, Perceived Supervisor Support and Intra-Organizational Network Resources on Turnover Intentions: A Study of Chinese Employees in Multinational Enterprises. *Personnel Review*, 41 (1): 56 – 72.

Noorka I. R. 2011. *Sustainable Rural Development and Participatory Approach by On-Farm Water Management Techniques. Sustainable Agricultural Development.* Springer Netherlands.

Nooteboom B. 2002. *Trust: Forms, Foundations, Functions, Failures and Figures.* Edward Elgar.

O'Flynn J. 2009. The Cult of Collaboration in Public Policy. *Australian Journal of Public Administration*, 68 (1): 112 – 116.

Olson M. 1971. *The Logic of Collective Action: Public Goods and the Theory of Groups.* Harvard University Press.

Onimaru T. 2014. Farmers' Willingness to Perform Maintenance Activities in Participatory Irrigation Management in Thailand. *Japan Agricultural Research Quarterly*, 48 (4): 379 – 384.

Ostrom E. , Schroeder L. D. , Wynne S. G. 1993. *Institutional Incentives and Sustainable Development: Infrastructure Policies in Perspective.* Westview Press.

Ostrom E. A. 1998. Behavioral Approach to the Rational Choice Theory of Collective Action: Presidential Address, American Political Science Association, 1997. *American Political Science Review*, 92 (1): 1 – 22.

Ostrom E. 2010. Analyzing Collective Action. *Agricultural Economics*, 41: 155 – 166.

Ostrom E. 1990. *Governing the Commons: The Evolution of Institutions for Collective Action.* Cambridge University Press.

Ostrom E. 1995. Self-Organization and Social Capital. *Industrial and Corporate Change*, 4 (1): 131 – 159.

Portes A. , Landolt P. 2000. Social Capital: Promise and Pitfalls of Its Role in Development. *Journal of Latin American Studies*, 32 (2): 529 – 547.

Poteete A. R. , Ostrom E. 2004. Heterogeneity, Group Size and Collective Action: The Role of Institutions in Forest Management. *Development and Change*, 35 (3): 435 – 461.

Poteete A. R. , Ostrom E. 2010. *Working Together: Collective Action, the Commons, and Multiple Methods in Practice.* Princeton University Press.

Putnam R. D. , Leonardi R. , Nonetti R. Y. 1993. *Making Democracy Work: Civic Traditions in Modern Italy.* Princeton University Press.

Putnam R. D. 2000. Bowling Alone: The Collapse and Revival of American Community. ACM Conference on Computer Supported Cooperative Work.

Ricks J. I. 2016. Building Participatory Organizations for Common Pool Resource Management: Water User Group Promotion in Indonesia. *World Development*, 77: 34 – 47.

Robert P. 1993. *Making Democracy Work: Civic Traditions in Modern Italy.* Princeton University Press.

Rosegrant M. W. , Ringler C. 2000. Impact on Food Security and Rural Development of Transferring Water out of Agriculture. *Water Policy*, 1 (99): 567 – 586.

Sarker A. , Itoh T. 2001. Design Principles in Long-Enduring Institutions of Japanese Irrigation Common-Pool Resources. *Agricultural Water Management*, 48 (2): 89 – 102.

Seiders K. , Berry L. L. 1998. Service Fairness: What It Is and Why It Matters. *Academy of Management Executive*, 12 (2): 8 – 20.

Shore L. M. , Wayne S. J. 1993. Commitment and Employee Behavior: Comparison of Affective Commitment and Continuance Commitment with Perceived Organizational Support. *Journal of Applied*

Psychology, 78 (5): 774 –780.

Simon B. , Loewy M. , Stürmer S. , Weber U. , Freytag P. , Habig C. , Kampmeier C. , Spahlinger P. 1998. Collective Identification and Social Movement Participation. *Journal of Personality & Social Psychology*, 74 (3): 646 –658.

Sinyolo S. , Mudhara M. , Wale E. 2014. The Impact of Smallholder Irrigation on Household Welfare: The Case of Tugela Ferry Irrigation Scheme in KwaZulu-Natal, South Africa. *Water SA*, 40 (1): 145 –156.

Smith C. R. 2008. Institutional Determinants of Collaboration: An Empirical Study of County Open-Space Protection. *Journal of Public Administration Research & Theory*, 19 (1): 1 –21.

Sonia S. M. G. 2013. Trust, Satisfaction, Relational Norms, Opportunism and Dependence as Antecedents of Employee Organizational Commitment. *Contaduría Y Administración*, 58: 11 –38.

Stamper C. L. , Dyne L. V. 2001. Work Status and Organizational Citizenship Behavior: A Field Study of Restaurant Employees. *Journal of Organizational Behavior*, 22 (5): 517 –536.

Tang S. Y. 1991. Institutional Arrangements and the Management of Common-Pool Resources. *Public Administration Review*, 51 (1): 42 –51.

Tang S. Y. 1992. *Institutions and Collective Action: Self-governance in Irrigation*. Institute for Contemporary Studies.

Tavares S. M. , Knippenberg D. , Dick R. 2016. Organizational Identification and "Currencies of Exchange": Integrating Social Identity and Social Exchange Perspectives. *Journal of Applied Social Psychology*, 46 (1): 34 –45.

Truman D. 1958. *The Governmental Process*. Knopf.

Uslaner E. M. 2002. *The Moral Foundation of Trust*. Cambridge University Press.

Zomeren M. , Postmes T. , Spears R. 2004. Put Your Money Where Your Mouth Is! Explaining Collective Action Tendencies Through Group-Based Anger and Group Efficacy. *Journal of Personality and Social Psychology*, 87 (5): 649 – 664.

Vermillion D. L. 1997. Impacts of Irrigation Management Transfer: A Review of the Evidence. *Iwmi Books Reports*.

Wang J. , Huang J. , Zhang L. , Huang Q. , Rozelle S. 2010. Water Governance and Water Use Efficiency: The Five Principles of WUA Management and Performance in China. *Jawra Journal of the American Water Resources Association*, 46 (4): 665 – 685.

Wayne S. J. , Liden R. C. 1997. Perceived Organizational Support and Leader-Member Exchange: A Social Exchange Perspective. *Academy of Management Journal*, 40 (1): 82 – 111.

Welter F. 2012. All You Need Is Trust? A Critical Review of the Trust and Entrepreneurship Literature. *International Small Business Journal*, 30 (3): 193 – 212.

Yang J. , Wang H. , Jin S. , Chen K. , Riedinger J. , Peng C. 2015. Migration, Local Off-Farm Employment, and Agricultural Production Efficiency: Evidence from China. *Journal of Productivity Analysis*, 270: 1 – 13.

Yu H. H. , Edmunds M. , Lora-Wainwright A. , Thomas D. 2016. Governance of the Irrigation Commons under Integrated Water Resources Management-A Comparative Study in Contemporary Rural China. *Environmental Science & Policy*, 55 (2): 65 – 74.

图书在版编目（CIP）数据

社会信任、组织支持与农户治理绩效：以农田灌溉系统为例 / 杨柳，朱玉春著. -- 北京：社会科学文献出版社，2019.11

（中国"三农"问题前沿丛书）

ISBN 978 - 7 - 5201 - 5470 - 3

Ⅰ.①社… Ⅱ.①杨… ②朱… Ⅲ.①农户经济 – 研究 – 中国 Ⅳ.①F325.1

中国版本图书馆 CIP 数据核字（2019）第 201615 号

中国"三农"问题前沿丛书

社会信任、组织支持与农户治理绩效
——以农田灌溉系统为例

著　　者／杨　柳　朱玉春

出 版 人／谢寿光
责任编辑／任晓霞
文稿编辑／王红平

出　　版／社会科学文献出版社·群学出版分社（010）59366453
　　　　　地址：北京市北三环中路甲 29 号院华龙大厦　邮编：100029
　　　　　网址：www. ssap. com. cn
发　　行／市场营销中心（010）59367081　59367083
印　　装／三河市尚艺印装有限公司

规　　格／开　本：787mm × 1092mm　1/16
　　　　　印　张：12.25　字　数：159 千字
版　　次／2019 年 11 月第 1 版　2019 年 11 月第 1 次印刷
书　　号／ISBN 978 - 7 - 5201 - 5470 - 3
定　　价／69.00 元